Boris Reitschuster
Russki extrem

Boris Reitschuster

RUSSKI EXTREM

Wie ich lernte,
Moskau zu lieben

Ullstein

Für alle meine russischen Freunde und die Millionen namenloser Helden, die sich unentwegt dem Wahnsinn des Alltags widersetzen und dabei weder Humor noch Seele verlieren.

Herzlichen Dank an die Geburtshelfer dieses Buches – Anja Strauß und Eberhard Riegele.

INHALT

Auf nach Moskau! — 11

Die hohe Kunst des Überlebens — 19

Nase zu und durch — 19
Erpressung auf dem OP-Tisch — 24
Müllkonzert um Mitternacht — 30
Matschspringen zum Frühstück — 33
Offenes Postgeheimnis — 36
Russisches Roulette im Fahrstuhl — 39
Ich krieg die Krise — 43

Normaler Wahnsinn — 49

Heilsofa gegen Impotenz — 49
Hauptsache, mobilnik — 58
Ikea contra Lenin — 63
Duschkränzchen bei Freunden — 67
Du Zar – ich Sklave — 73
Safari im wilden Osten — 77
Wie duze ich meinen Nächsten? — 81
Wenn der Sonntag ein Freitag ist — 84
Dampf und Dollars — 87
Flüssige Folklore — 90

Auf Eros' Spuren — 95

Auf delikater Recherche — 95
Frust an der Intimfront — 101
Hilfeschrei nach echten Männern — 105
Kalter Krieg der Geschlechter — 108
Die hohe Kunst des Fluchens — 113
Kinder als Renten-Ersatz — 117

Der Amtsschimmel — 123

Kältefolter statt Strafzettel — 123
Kein Befehl zum Retten — 130
Igitt, Wurst fürs Volk — 136
Leben im Glashaus — 150
Führerschein gegen Vorkasse — 143
Autogrammstunde im Morgengrauen — 149
Fremdwort Flensburg — 153
Diebstahl mit Amtshilfe — 157

Asphaltdschungel — 161

Faust statt Führerschein — 161
Mit Darwin auf der Straße — 165
Kloluft und Tütenkost — 170
Heilige Kühe auf Rädern — 174
Untreue im Taxi — 178
Das Geheimnis der »Rakuschkas« — 182
Nachsitzen am Flughafen — 186

Russland lieben — 191

Das Glück von einst — 191
Kollegen als Alibi — 196
»Gitler« vor Goethe — 200
Gastfreundschaft mit Nebenwirkungen — 206
Kaviar statt Buchweizen-Grütze — 210
Paradies mit Plumpsklo — 214
Küsse im Kollektiv — 218
Hoch lebe die Anarchie — 221

Servicewüste Russland — 227

Vierbeiniger Nachtisch — 227
Damen-WCs mit Einblick — 231
E-Commerce als Schnitzeljagd — 238
Rendezvous im Aquarium — 241
Hasenjagd in der U-Bahn — 245
Schlendrian als Tugend — 248
Bremsen für Fußgänger — 252

AUF NACH MOSKAU!

Ich hatte keine Chance, als sie plötzlich vor mir stand: eine russische Seele, in Gestalt einer wunderschönen Frau. Dana. Es war Liebe auf den ersten Blick. 1988, bei einem Jugendaustausch. Zwei Jahre später, mit 19, gleich nach dem Abitur, packte ich mein ganzes Hab und Gut in zwei Koffer, stieg in einen Flieger und machte mich auf den Weg nach Moskau. Zu ihr. Meine Eltern erklärten mich für verrückt und drohten, mich zu enterben. Mir war alles egal. Außer Dana: Die Liebe ist eine Himmelsmacht. Und sie macht blind. So störte es mich nicht, dass ich in leeren Geschäften stundenlang für einen Liter Milch anstehen musste, in der Metro die Anatomie meiner neuen Mitmenschen hautnah kennenlernte und dass mein Vermieter mich manchmal nachts um drei aus dem Schlaf rüttelte und fragte, ob ich nicht doch noch einen Schluck Wodka für ihn hätte. Es war Danas Land, und es wurde auch mein Land.

Die erste Liebe ist anderen gewichen. Die Liebe zu Russland ist geblieben. Wie in jeder guten Ehe hat sie mit der Zeit Höhen und Tiefen durchgemacht. Man geht sich manchmal ganz schön auf den Keks. Es gibt Augenblicke der Schwäche, in denen man mit dem Gedanken spielt, untreu zu werden. Aber dennoch: Ein Leben ohneeinander kann man sich nicht mehr vorstellen.

Ich will es nicht verheimlichen: Es gibt sie, und nicht selten. Die Momente, in denen die Liebe wankt. Wenn mal wieder da, wo mein Wagen stand, ein gut verstecktes Parkverbot-Schild steht und ich eine halbe Nacht auf einer Polizeistation am anderen Ende der Stadt verbringen und Bakschisch zahlen muss, um ihn wiederzubekommen. Wenn mir im Restaurant beim Eintopflöffeln eine Maus vor die Nase läuft und der Ober darauf besteht, ich müsse trotzdem aufessen. Wenn mal wieder für drei Wochen das Warmwasser abgeschaltet wird und ich mit dem Schöpflöffel aus dem Eimer dusche. Wenn sich die Nachbarwohnung wegen eines Wasserrohrbruchs in die Niagara-Fälle verwandelt, aber sich der Hausmeister hartnäckig weigert, den zentralen Absperrhahn zu schließen – weil er keine Erlaubnis von der Behörde hat. Oder wenn ich für meinen Mietvertrag – der jedes Jahr neu zu unterschreiben ist – ein Dutzend Bestätigungen und Stempel aus Deutschland vorlegen soll, die es dort gar nicht gibt.

Wer als Ausländer nicht das Pauschal-Paket von TUI – bei dem inzwischen auch ein russischer Oligarch als Miteigentümer eingestiegen ist – gebucht hat und nicht in einem der sündhaft teuren Luxushotels untergekommen ist, der muss sich im Moskauer Alltag durchkämpfen wie Indiana Jones im Dschungel. Für Korrespondenten gelten verschärfte Bedingungen. Wenigstens genauso wichtig wie eine gute Schreibe ist eine gute Leber. Denn zumindest bei Beamten und Politikern eröffnet sich dem Ausländer die Schönheit der russischen Seele in vielen Fällen erst nach der zweiten gemeinsam geleerten Wodka-Flasche. Als einer der seinen wird man frühestens nach der dritten Flasche anerkannt.

»Was für einen Russen gut ist, ist für einen Deutschen der Tod«, besagt ein altes russisches Sprichwort. Für die meisten Besucher wird es spätestens nach dem ersten bilateralen Trinkgelage aktuell. Oder nach einer Fahrt in einem »Privat-Taxi«, einem alten Lada ohne Gurte, mit quietschenden Bremsen und beißendem Benzin-Geruch. Oder beim Versuch, seinen Vermieter zum Notar zu bringen, damit er dort wie vorgeschrieben seine amtlich beglaubigte Zustimmung zu der ebenfalls amtlich vorgeschriebenen Registrierung von Ausländern beim Einwanderungs-Amt gibt. »Wir sind die Hälfte unseres Lebens damit beschäftigt, für irgendwelche unnötigen Behörden bei anderen unnötigen Behörden irgendwelche unnötigen Bestätigungen aufzutreiben, um den amtlichen Nachweis zu bringen, dass wir keine Kamele sind«, offenbarte mir einmal ein früherer Staatschef bitter.

Es gibt vieles in Russland, was sich Ausländern auch nach vielen Jahren jeglichem Verständnis entzieht: Dass die Verkäuferinnen in den Geschäften die Kassenbelege stets einreißen und die Fenster in den Wechselstuben meist derart winzig und tief sind, dass man sich verbeugen muss, um Sichtkontakt zur den Kassiererin zu haben, gehört noch zu den harmlosesten Besonderheiten. Weniger schön ist es für den verwöhnten Ausländer, wenn er mit hungrigen Gästen vor dem leeren Wohnzimmertisch sitzt und auf Nachfrage beim Pizzaservice erfährt, die Oliven seien plötzlich ausgegangen und man habe deshalb die vor drei Stunden aufgegebene Bestellung einfach mal storniert – natürlich ohne Bescheid zu geben.

Oder wenn die Bedienung im Hotel beim Frühstück auf die höflich vorgetragene Bitte, zusätzlich zur kargen Buchweizen-Grütze auch noch ein Ei zu servieren, empört antwortet, als Gast solle man bescheidener sein, sonst werde sie sich beim Direktor beschweren. Erklärungsbedarf besteht bei Zugereisten, wenn der Arzt bei der Operation mit lokaler Betäubung für eine schöne Naht die Hand aufhält oder der Feuerwehrmann neben dem brennenden Auto stehend vor dem Löschen erst mal fragt, was man springen lässt.

Geradezu gefährlich wäre es für Ausländer, alles in Russland für bare Münze zu nehmen: So schwer die erwähnte Registrierung für Ausländer zu bekommen ist – so unnötig ist sie. Nie in all den Jahren hat mich jemand danach gefragt. »Strikt vorgeschrieben« bedeutet in Russland, es könnte nicht schaden. »Streng verboten« heißt, man sollte sich nicht unbedingt dabei erwischen lassen. Verkehrsregeln sind weniger zur Regelung des Verkehrsflusses da als dazu, dass die Polizisten ihr Auskommen haben. Grünlicht und Zebrastreifen für Fußgänger scheinen weniger dem gefahrlosen Überqueren von Straßen zu dienen als der Fitness – nur bei Stadt-Marathons sieht man mehr Menschen rennen. Auch die Aussagen von Amtspersonen sind mit Vorsicht zu genießen. Wenn einen ein russischer Verkehrspolizist begrüßt mit den Worten »Ich habe deine Mutter gevögelt, du Hure, steig mir auf den Schwanz«, sollte man sich hüten, das wörtlich zu nehmen. Es handelt sich um keinen amtlichen Befehl, sondern um die berüchtigten Mutterflüche, die Generationen von russischen Sprachforschern beschäftigen.

»Russki extrem« nennen die Russen all die Abenteuer und Klippen, Ungeheuerlichkeiten und Absurditäten, die ihnen ihr Alltag in einem fort bietet. Der neurussische Begriff leitet sich vom englischen »extrem« ab und wird im Kyrillischen als »extrim« geschrieben und auch so ausgesprochen.

Die Russen hassen ihr »Russki extrem«. Und sie lieben es. »Russki extrem« ist für sie eine sportliche Herausforderung, wie für manche Deutsche, das günstigste All-inclusive-Angebot auf Mallorca zu finden. Für den Ausländer ist »Russki extrem« zuerst ein Schock: Am Anfang verflucht man es. Mit der Zeit gewöhnt man sich daran. Immer mehr. Bis man vom »Russki extrem« abhängig wird – wie von einer Droge. Auf Heimatbesuch in Deutschland freut man sich die ersten Tage noch, dass alles so geregelt ist, alles so glattgeht und so wenig schiefläuft. Doch dann, ganz plötzlich, überkommen einen Entzugserscheinungen. Das Adrenalin fehlt. Der Kick. Das »Russki extrem«.

Denn das »Russki extrem« hat eine positive Kehrseite. Die Erkenntnis, dass – frei nach Albert Einstein – alles relativ ist. Igor, mein Fotograf und Freund, ist ein Hohepriester des »Russki extrem«. Er wurde in Moskau mein Lehrmeister für eine neue, russische Sicht auf die Welt. »Russki extrem« ist, wenn man trotzdem lacht.

Bestechliche Polizisten? Igor brachte mir bei, dass sie ein Segen sind: »Ich wollte nie in einem Land wohnen, in dem man den Führerschein verlieren kann, nur weil man mal bei Rot über ein Ämpelchen fährt. Bei uns kostet das 100 Rubel (knapp drei Euro)* Bak-

---
* Die Geschichten in diesem Buch entstanden während einer großen Zeitspanne. Im Text wird der jeweils zur Zeit der Handlung aktuelle Kurs genannt.

schisch, das ist wahre Demokratie!« Dank Igor weiß ich jetzt, dass es ein Segen ist, wenn wieder das warme Wasser abgeschaltet wird: »Bei euch im Westen vereinsamen die Menschen, bei uns treffen sie sich zum Duschkränzchen, das hält die Familien und die Nachbarschaft zusammen.« Mein Vater erfuhr von Igor, dass er sein ganzes Leben lang einem Missverständnis aufgesessen ist: Hatte er doch den völlig hirnrissigen Beschluss getroffen, nichts mehr zu trinken, seit er in jungen Jahren Zeuge eines dramatischen Unfalls war, bei dem ein Betrunkener gegen eine Straßenlaterne fuhr. »Das Übel ist nicht der Alkohol«, brachte ihm Igor die Philosophie des »Russki extrem« bei: »Das Übel sind die Laternen bei Ihnen in Deutschland, in einem freien Land wie Russland haben wir freie Fahrt für freie Bürger, ohne Laternen.«

Nicht zuletzt dank Igor habe ich mich in all den Jahren vom westlichen Weichei und ernsten Erbsenzähler zum robusten, nonchalanten Russen aus Überzeugung gewandelt. Ich habe nicht nur gelernt, in der Sauna meine Badehose anzulassen, nicht mehr für Fußgänger zu bremsen, wildfremden Frauen Komplimente zu machen, zu fluchen wir Wladimir Putin, mit Unbekannten gebührend zu feiern und bei tiefstem Frost die Zimmertemperatur statt mit dem Thermostat mit dem offenen Fenster zu regulieren. Die wunderbaren Menschen in Russland – wie Irina, meine Assistentin und mein sonniger Fels in der Brandung des Bürokratie-Wahnsinns – haben mich gelehrt, die Widrigkeiten des Lebens mit Gelassenheit und Humor zu nehmen, »Russki extrem« zu lernen und zu leben: zu lachen statt zu nörgeln. Witze zu machen, statt mich zu beschweren. Mit den Augen zu zwinkern statt den Zeigefinder zu erheben. Die Realität ins Absurde zu verdrehen, statt an ihr zu verzweifeln. Aufzuhören, das Maximum zu erwarten, und sich über das Minimum freuen. Fähigkeiten, die uns Deutschen eher abgehen. Und die wir uns dringend von den Russen abschauen sollten. Von Russland lernen heißt Gelassenheit lernen.

Für die ersten Schritte zum »Russki extrem« ist dieses Buch als Gebrauchsanweisung hoffentlich hilfreich. Doch es kann nicht mehr sein als ein erster Schritt. Der Königsweg, um die hohe Kunst des »Russki extrem« zu erlernen, ist, einen Russen oder eine Russin zu heiraten. Wem das zu umständlich ist, der sollte zumindest öfter nach Russland reisen. Viel Geduld ist nötig, etwas Demut, und die Bereitschaft, die deutschen Maßstäbe an der Grenze zurückzulassen. Sich nicht ärgern über Russlands Macken – sondern sie als Russlands Reichtum zu begreifen. Gerade die Schwächen dieses Landes und seiner Menschen sind ihre Stärke. Russland ist anders, und das ist gut so. Wer das nicht verkraften kann, der sollte doch lieber ein Wellness-Wochenende in Bad Neuenahr buchen.

DIE HOHE KUNST DES ÜBERLEBENS

Nase zu und durch

Ich könnte mich ohrfeigen!!! Wieder ist es mir passiert. Trotz aller guten Vorsätze! Und wieder ernte ich verwunderte Blicke. Blicke, wie man sie Betrunkenen zuwirft, die sich dem Erstbesten an den Hals werfen und ihm eröffnen, dass sie ihn schon immer lieben. Ich komme mir unsagbar töricht vor. Das Staunen habe ich mir mal wieder im Lift zugezogen, auf dem Weg zu meiner Wohnung. Dabei habe ich nichts anderes getan, als »Sdrastwujte« zu sagen – was so viel heißt wie »Guten Tag«. Und war sogar stolz darauf, das Wort ohne Spucken auszusprechen!

Gehört in Deutschland und wohl auch noch in der russischen Provinz eine freundliche Begrüßung im Treppenhaus, im Lift oder im Hof zum guten Ton, so verrät sie in Moskau sofort den Ausländer – selbst wenn ihm die Worte halbwegs akzentfrei über die Lippen kommen. Sosehr ich mich auch bemühe – immer wieder schlägt der artige Deutsche in mir durch. Doch das Grüßen im Lift ist nur einer von vielen Anfängerfehlern. Auf den integrationswilligen Ausländer warten in Moskau jede Menge Fallstricke. Dabei sind die Grundregeln eigentlich gar nicht so schwer. Wer in der russischen Hauptstadt als Einheimischer durchgehen will, der hat an öffentlichen Orten in der Regel zumindest ernst, besser noch: grimmig zu schauen.

Hilfreich sind auch Herrenhandtasche und bauchnabellang gebundene Krawatte, oder, für Frauen, Schuhe mit fingerlangen Absätzen und Miniröcke so lang wie Schals breit. Legt man seine spießige westliche Sichtweise erst einmal ab, lernt man die russischen Besonderheiten durchaus zu schätzen: So bietet die Herrenhandtasche diskret Platz für eine Notfall-Ration Bier im Flachmann und zwei Pfund Sonnenblumenkerne zum Knabbern beim Warten auf einem garstigen Behördenflur. Kurzgebundene Krawatten dienen nicht nur als Erkennungszeichen für anonyme Quellen und »Blind Dates«, sie schaffen auch Arbeitsplätze in Schnellreinigungen, da der Borschtsch immer unterhalb der Krawattenspitze auf das einzige vorzeigbare Hemd kleckert.

Wenn einen jemand nach dem Weg fragt oder aus anderen Gründen anspricht, sollte man nicht den Fehler machen, stehenzubleiben oder gar zu antworten, sondern schweigend weitermarschieren. In der U-Bahn gilt es unbedingt der Versuchung zu widerstehen, den nachfolgenden Leuten die Glastüren am Eingang rücksichtsvoll aufzuhalten; stattdessen muss man sie demjenigen, der hinter einem läuft, mit möglichst viel Schwung ins Gesicht fallen lassen. Zudem sollte man in Kinos, Theatern und Restaurants so laut in sein Handy schreien, dass auch diejenigen noch mithören können, die gerade mal aufs Klo gegangen sind.

Am Zebrastreifen oder bei grüner Ampel wird der Russland-Fortgeschrittene nie unbekümmert über die Straße gehen, weil die Mehrzahl der Autofahrer farbenblind zu sein scheint. Wagemutig hingegen sind die

Russen bei Rotlicht, wenn kein Auto in der Nähe ist – gerne auch vor den Augen der Miliz, wie die Polizei in Russland heißt. Nur blutige Moskau-Anfänger rufen per Handy nach einem Taxi oder lassen sich gar eines reservieren. Der Kenner stellt sich einfach mit ausgestrecktem Arm an den Gehsteig. Spätestens der übernächste Wagen wird anhalten.

Reicht in Verkehrsfragen noch das sture Auswendiglernen solcher Regeln, die man sich entweder von Moskau-Veteranen beibringen lässt oder im »Trial and Error«-Verfahren selbst aneignet, so sind integrationswilligen Ausländern besondere Konzentration und Flexibilität abverlangt, wenn sie ein russisches Treppenhaus betreten: Jetzt nur kein Verziehen der Miene oder Naserümpfen, vor allem der spontane Würgereiz muss unterbunden werden – auch wenn das zuweilen schwer ist angesichts des komplexen Geruchskosmos, der einem oft entgegenschlägt.

Im ersten Moment mag man als Russland-Novize glauben, man hätte einen falschen Eingang erwischt. Erinnert doch die Geruchsaura vieler »Podjesdy«, wie die Hausaufgänge auf Russisch heißen, eher an eine Mischung aus heruntergekommener öffentlicher Toilette ohne Spülung, Katzenklo ohne Streu und wilder Müllhalde im Endstadium. Aber halt – lassen wir das. Denn wir haben die Rechnung ohne den allrussischen Mief-Patriotismus gemacht: Sosehr sich viele Russen selbst über die im Wortsinne anrüchigen Treppenhäuser aufregen – wenn es ein Ausländer wagen sollte, seinen Finger in diese unwohl duftende Wunde zu legen, werden waschechte Russen sich bitter empören und sofort von übelster Feindpropaganda sprechen.

Um mir nicht noch länger den Vorwurf der Schwarzmalerei und des provokativen Gestänkers einzuhandeln (der Ausländer immer dann trifft, wenn sie über Russland das schreiben, was Russen selbst an ihrem Land beklagen), wenden wir uns besser angenehmeren Dingen zu: So zugeknöpft der Zugereiste sich mit Unbekannten geben sollte in der »Stadt der weißen Steine«, so der Kosename von Moskau, so galant sollte der Umgang mit allen Leuten sein, die er schon länger kennt – auf Russisch also wenige Minuten. Wer seiner Tischnachbarin im Restaurant oder im Café nicht in den Mantel hilft oder gar versäumt, ihr nachzuschenken, sieht sich sofort als Wüstling oder, schlimmer noch, als Ausländer enttarnt.

Ein schlimmeres Vergehen ist es nur, als Mann in Begleitung einer Dame die Rechnung nicht zu übernehmen – oder als Frau in Herrenbegleitung darauf zu bestehen, selbst zu bezahlen. Umgekehrt sollte sich der männliche Ausländer hüten, ans Zahlen zu denken, wenn ihn ein Russe eingeladen hat – ein derartiger Fauxpas könnte dem Selbstzahler damit vergolten werden, dass ihn der Düpierte zu sich nach Hause einlädt, Festmahl mit ausuferndem Umtrunk meist inklusive. Es kann allerdings auch durchaus passieren, dass die Verkäuferin im Laden oder die Kellnerin im Restaurant ihr Sonntagslächeln aufsetzt und einen besonders freundlich bedient, wenn man sich als Ausländer zu erkennen gibt.

Soll man sich nun anpassen oder nicht? Auf Russifizierung setzen oder seine Fremdheit betonen? Es ist schwierig, bei so viel Für und Wider die richtige Wahl zu treffen. In meiner Not habe ich meine russischen Kollegen um Rat gebeten. »Du kannst dir die Qual der Wahl sparen, du bist immer als Ausländer zu erkennen«, so das harte Urteil von Polina, einer jungen Kollegin vom Moskauer Fernsehen: »Sieh doch in den Spiegel! Selbst in der Menge seid ihr sofort auszumachen, durch euren abwesenden Blick, eure Bräunung und eine kaum fassbare, etwas nachlässige Eleganz!« Am sorgenlosen, angenehmen und einnehmenden Gesichtsausdruck sei der Fremde zu erkennen, glaubt auch Irina, meine Assistentin: »In den Augen der Ausländer fehlt dieser Zustand der Alarmiertheit, in ihrem Blick gibt es keine Härte und keine Aggression. Im Gespräch unterbrechen sie ihre Gesprächspartner nicht.«

Dennoch – ganz hoffnungslos ist der Fall nicht. Man könne als Russe durchgehen, so der augenzwinkernde Rat von Anastasia aus dem Ural: Man müsse nur »die Augenbrauen etwas zusammenziehen, nur mit drei oder vier statt mit 32 Zähnen lachen, gelegentlich etwas in die Nase oder den Bart brummeln, am besten etwas Kritisches über die Regierung oder die Leute in der Nähe sagen«.

Verstellen ist sinnlos, glaubt dagegen Polina. Der einzige Weg zur Russifizierung sei beinahe ein Ding der Unmöglichkeit. Um äußerlich Russe zu werden, müssten sich Ausländer innerlich ganz in die Lebenslage eines Russen hineindenken: »Aber unsere Lage ist schwierig und rätselhaft.«

Mit viel Selbstdisziplin habe ich mir angewöhnt, so grimmig dreinzublicken, dass ich immer öfter für einen echten Russen gehalten werde ... Beim nächsten Mal werde ich im Aufzug nicht mehr grüßen. Das habe ich mir hoch und heilig geschworen!

Erpressung auf dem OP-Tisch

Zum Behinderten-Ausweis ist es offenbar nur noch ein kleiner Schritt. »Es sieht schlecht um Sie aus«, sagt der Mann im weißen Kittel in einer Moskauer Klinik und deutet auf meine Hand: »Um eine Haut-Transplantation werden Sie kaum herumkommen.« Dabei hatte ich mir doch nur an einer Kerze den Unterarm verbrannt und wollte lediglich eine lindernde Salbe verschrieben bekommen. Stattdessen stelle ich mich nach drei Terminen und täglichem Verbandswechsel innerlich allmählich auf die Frühverrentung ein.

Doch bevor ich mir die Haut verpflanzen lasse, gehe ich noch ins »Europäische Medizin-Zentrum«, eine Oase der französischen Medizin mitten in Moskau – unbezahlbar für Iwan Normalverbraucher, und auch für jede deutsche Krankenversicherung ein Alptraum. Ich muss 120 Dollar auf den Tresen legen – der Greenback ist für viele Russen seit der Rubel-Entwertung in den neunziger Jahren die Währung, auf die sie vertrauen und in der sie rechnen –, dafür sieht sich die russische Hautärztin mit dem Diplom aus Frankreich meine Hand an. Und gibt dann prompt Entwarnung: »Das ist nur falsch behandelt! Mit der richtigen Creme verheilt das in ein paar Wochen!«

Nicht nur Normalsterbliche haben zuweilen ihre Not mit Russlands Halbgöttern in Weiß. Als Präsident las Wladimir Putin höchstselbst den Ärzten in seinem Land schon einmal die Leviten: Vor allem die Mängel im Gesundheitswesen seien schuld, dass die Lebenserwartung in Russland um zwölf Jahre niedriger liege als in den USA und fünf Jahre unter der in China. Formal haben zwar alle Russen das Recht auf kostenlose Behandlung. De facto aber fehlen den Ärzten oft die nötigsten Medikamente und Geräte; viele greifen erst in den Arzneischrank oder zum Skalpell, wenn der Rubel oder Dollar rollt.

»Wissen Sie, wie niedrig unsere Gehälter sind? Wir bekommen nicht einmal unsere Kinder richtig satt. Es fehlt uns am Nötigsten. Wenn Sie wollen, dass wir eine schöne feine Naht nähen, kostet das extra, denn wir haben nur Nähzeug aus vaterländischer Produktion, und das ist sehr grob«, eröffneten die Chirurgen in einem Militärkrankenhaus direkt auf dem Operationstisch kürzlich meiner Bekannten, als sie unter lokaler Betäubung ihren Leistenbruch operierten – offiziell kostenlos. Erst nachdem die entsetzte Frau eine großzügige »Spende« zusagte, versprachen die Inkasso-Götter in Weiß, ihr nur mit feiner Nadel und dünnen Fäden »made in USA« zu Leibe zu rücken.

Dabei schafft es nicht jeder bis auf den Operationstisch. Ein Kollege berichtet vom vergeblichen Notruf seiner Nachbarn auf dem Dorf, anderthalb Autostunden von Moskau entfernt: Als deren Oma plötzlich mit einer Herzattacke umfiel und sie die Notrufzentrale anriefen, fragte der Diensthabende nach dem Alter der Patientin – und winkte dann ab: »Was? Über 70? Da lohnt es sich nicht mehr rauszufahren. Die Benzin-Preise sind zu hoch.«

Horrorgeschichten dieser Art wissen fast alle meine Bekannten zu berichten. Da ist das Neugeborene in Kiew, das umkam, weil eine betrunkene Hebamme es kopfüber auf den Betonboden fallen ließ. Da ist der Student im georgischen Tiflis aus der Familie eines Abgeordneten, dem ein Arzt in einer Eliteklinik mit einem

Venen-Verödungsmittel eine Beule am Kopf heilen wollte, ihm so das halbe Gesicht verätzte und für immer entstellte. Da ist die Mutter, die nach dem Kaiserschnitt lediglich die Auskunft bekam, es sei etwas schiefgegangen und das Kind sei nicht in Ordnung – bis sie es dann nach drei Tagen zum ersten Mal sehen durfte: Das Kind war völlig gesund – dafür war die Mutter mit den Nerven am Ende. Und da ist die junge Frau, der ein Zahnarzt statt der versprochenen Wurzelbehandlung einfach oberflächlich ein bisschen Füllung über den Karies-zerfressenen Zahn schmierte.

Dabei herrscht in Russland kein Mangel an guten Ärzten; manche haben es wie der Augenchirurg Swjatoslaw Fjodorow gar zu Weltruhm gebracht. Selbst Boris Jelzin vertraute bei seiner schwierigen Herzoperation einem russischen Chirurgen (bestand aber darauf, dass ihm deutsche Kollegen über die Schulter blickten). Es liegt vor allem am fehlenden Geld, dass Russlands Medizin zum Notstandsgebiet wurde: Ärzte verdienen oft weniger als Taxifahrer.

»Bei alten, armen Patienten ohne Angehörige habe ich oft die Wahl, ob ich ihnen auf eigene Rechnung Medikamente kaufe, obwohl ich selbst kaum was zu beißen habe, oder ob ich auf meinen Ärzte-Eid pfeife und sie nicht behandle«, klagt ein junger Arzt in einer Provinz-Stadt.

Überall fehlt es an Geräten und Arzneimitteln. Selbst in Moskau sind Brutkästen für Frühgeborene Mangelware. Vielen Russen fehlt zudem das Verständnis für die Nöte der Mediziner, solange sie deren Hilfe nicht selbst brauchen: Manche Autofahrer scheinen sich regelrecht einen Spaß daraus zu machen, Krankenwagen mit Blaulicht den Weg zu versperren. Regelmäßig sieht man verzweifelte Notärzte im Stau stecken. Wäre man Zyniker, könnte man unterstellen, dass sich die russischen Mediziner für die Geringschätzung ihres Berufsstandes rächen, sobald Normalsterbliche in ihre Hände geraten.

In vielen Krankenhäusern verlangen die Schwestern selbst fürs Leeren der Nachttöpfe Bestechungsgelder – weil sie mit ihren Mini-Gehältern nicht über die Runden kommen. Die Zimmer sind oft überbelegt, selbst auf den Gängen stehen Betten, und nachts wimmelt es vor Kakerlaken.

Entsprechend groß war mein Schreck, als ich einst um ein Haar selbst in die Fänge der russischen Krankenhaus-Medizin geraten wäre. Leichtsinnig hatte ich von einem Kuchenteig genascht und nicht an die Gefahr durch rohe Eier gedacht. Als sich mein Bauch immer widerspenstiger zeigte, spukte mir das Wort »Salmonellen« durch den Kopf. Ich quälte mich zur nächsten Poliklinik. Im Behandlungszimmer saßen schon drei andere Patienten: ein Alkoholiker mit beachtlicher Fahne, ein Rentner, der dem Nervenzusammenbruch nahe war, und ein strahlengeschädigter Ingenieur eines Atomkraftwerks.

Nach einer Stunde war ich über ihre Leidensgeschichten ebenso im Bilde wie sie über meine. Das Fieberthermometer ging von einem zum anderen, ohne einen Umweg über das Waschbecken zu machen. Die Chefärztin – ein wahrer Feldwebel – führte die Behandlung wie ein Kreuzverhör.

Nach einem zehnminütigen Vortrag darüber, wie dumm man sein muss, um rohe Eier zu essen – unterbrochen von meinen Mit-Patienten im gleichen Zimmer, denen der Gesprächsstoff ausgegangen war und die sich ganz auf kraftvolles, zeitlich versetztes Stöhnen beschränkten –, besteht sie darauf, mich in einem Infektionskrankenhaus untersuchen zu lassen, und ruft einen Krankenwagen. Zwei Stunden später, als ich mich schon nach Kräften in das Stöhnkonzert eingeklinkt habe, ist immer noch keine »Schnelle Hilfe« da – wie die Ambulanz offiziell auf Russisch heißt. Dafür kenne ich inzwischen die Wehwehchen des halben Viertels: wer wann welchen Stuhlgang hatte und ähnlich interessante Einblicke in die Verdauungstrakte meiner Mitbürger.

Als nach drei Stunden die »Schnelle Hilfe« vorfährt, herrscht helle Aufregung: Ein Rentner hatte zu Hause eine Herzattacke erlitten. Als nach einer Stunde immer noch keine »Schnelle Hilfe« zu sehen war, machte er sich mit seiner Frau selbst auf den Weg in die Poliklinik – und brach zehn Meter vor dem Eingang zusammen. Meine Ärztin musste uns deshalb kurz dem Schicksal überlassen, um Erste Hilfe zu leisten. Vergeblich. Der Mann war schon tot. So kam die Frau in Weiß schnell zurück. Sie hatte sich durch den Zwischenfall nicht aus der Ruhe bringen lassen: »Es war auch dumm, selbst zu gehen.«

Ich bin heilfroh, dass ich dieser herzlosen Ärztin entkomme und nur Probleme mit dem Magen und nicht mit dem Herzen habe. Die »Schnelle Hilfe« fährt mich durch halb Moskau ins Botkin-Hospital; Tabakrauch liegt über der Pritsche. Wäre mir nicht so speiübel, würde ich gerne mitrauchen. Kaum bin ich angekommen, nimmt mir eine Krankenschwester die gesamte Kleidung ab und inspiziert genauestens Hosentasche und meine Herrenhandtasche. »Gelbsucht-Station« steht in großen Lettern auf der Tür. In meinem Magen scheint sich die Schlacht von Borodino zu wiederholen, in der Marschall Kutusow einst Napoleons Truppen attackierte und es keinen Sieger gab, nur blutige Verluste auf allen Seiten. Doch ich spüre, dass eine Kapitulation tödlich sein kann. Deshalb nehme ich meine letzte Kraft zusammen und mache schüchtern darauf aufmerksam, dass ich eigentlich nur mit Verdacht auf Salmonellen-Vergiftung eingeliefert wurde. Das interessiert niemanden: »Später liegt ihr ja doch alle zusammen«, verheißt mir der Arzt, ein gemütlicher Bilderbuch-Opa ohne Zähne, der hier seine Rente aufbessert.

Ich muss plötzlich an den alten russischen Krankenhaus-Witz denken, in dem der Patient im Krankenbett durch die Gänge gefahren wird und die Schwester anfleht: »Vielleicht doch zum Röntgen?« Nein. »Vielleicht doch in den OP?« Bis die Krankenschwester böse wird: »Der Arzt hat gesagt in die Leichenhalle, und dabei bleibt es!«

Auch für mich beginnt die Stunde der Selbstheilungskräfte – und ein zähes Ringen mit dem Arzt. Die Behandlung würde zu teuer für mich, schütze ich vor. Er lässt sich nicht erweichen. Dann werde man mich eben kostenlos behandeln, obwohl ich Ausländer sei: »Die Medizin kennt keine Grenzen«. Ängstlich mustere ich die vergitterten Fenster. Ich verspreche hoch und heilig, niemanden anzustecken und das Bett zu hüten. Enttäuscht lässt mich der alte Doktor schließlich doch gehen – und drückt mir eine ganze Monatsration Medikamente in die Hand. »Nehmen Sie das, in den Apotheken werden Sie nämlich nichts finden.«

Als ich ihn zum Abschied frage, was ich ihm schuldig bin, ist der alte Doktor fast böse: »Lassen Sie das, ich bin doch kein Business-Mann!« Vielleicht hätte ich doch dableiben sollen? Seinetwegen. Oder war das Ganze nur eine psychologisch geschickte »Heilmethode« eines alten Medizin-Gurus? Sind die vermeintlichen Probleme in der russischen Medizin am Ende nur ein Kniff, um die Leute vor allzu großer Wehleidigkeit abzuhalten? Böte sich da gar ein Ausweg für das überlastete deutsche Gesundheitswesen? In jedem Fall fühlte ich mich mit einem Mal kerngesund!

Müllkonzert um Mitternacht

Schallendes Getöse riss mich aus den Federn. Mitten in der Nacht, um halb drei. Flaschen schepperten, Metall schlug gegen Metall, untermalt von röhrendem Motorengeräusch und wüsten Flüchen. Kein Unfall, kein Überfall und auch kein Ehekrach bei den Nachbarn – wie meine Gäste zuweilen glauben: Das nächtliche Straßen-Konzert ist vielmehr fester Bestandteil des Lebens in der russischen Hauptstadt. Es könnte einem den Wecker ersetzen, wenn es nicht zweimal pro Nacht zur falschen Uhrzeit aufgeführt würde.

Irgendein schwerhöriger Apparatschik muss wohl eines Tages auf die Idee gekommen sein, die Müllabfuhr auf die Nachtstunden zu verlegen – offenbar, um im Dunkeln der chronischen Verstopfung der Moskauer Straßen zu entgehen. Seitdem fahren die Müllmänner durch die nächtliche Stadt und haben ihre

Ruhe vor den Staus. Nur die Moskowiter haben keine Ruhe mehr vor der Müllabfuhr.

Denn was der Apparatschik nicht bedacht hat: In Moskau, wo man Recycling wohl am ehesten für eine skandinavische Kampfsportart hält und Pfandflaschen für kommunistische Fossilien aus der Zeit der Mangelwirtschaft, sind die Müllmengen so riesig, dass die Müllmänner offenbar jeden Tag zu jeder einzelnen Tonne anrücken. Die nötige Sensibilisierung für Mülltrennung oder Rohstoffverwertung wird dadurch nicht unbedingt gefördert, weshalb es immer wieder passieren kann, dass ein frustrierter Müllmann ein ausrangiertes Bügelbrett lautstark gegen den Zaun schmeißt, um den Anwohnern eine Lektion zu erteilen. Aber auch mit der Technik der Müllwagen ist es in Russland noch nicht allzu weit her. Schon sehnt man sich nach deutscher Ingenieurskunst, die es zu vermeiden weiß, dass all der Dreck ungedämpft und ohne Schallschutz auf die Ladefläche donnert.

Die verschiedenen Strategien zur Immunisierung gegen das nächtliche Getöse entsprechen der Wahl zwischen Pest und Cholera: Weil sich die Heizung nicht runterdrehen oder ausschalten lässt und man ohne Frischluft wie in einer Sauna im Bett schmoren würde, nehme ich meistens den Weckruf der Müllmänner wohl oder übel in Kauf. So kann ich immerhin, bis zwischen 2 und 3 Uhr die erste Schicht anrückt, bei angenehmem Raumklima ein paar Stunden Tiefschlaf genießen.

Einfach die Fenster zu schließen wäre ohnehin keine gute Alternative: Weil die russischen Billig-Fenster selbst geschlossen alles andere als schalldicht sind, kann einem von dem holden Klang kein einziger Ton entgehen, so dass man schweißgebadet von nicht ganz so lautem Gerumpel aus dem Schlaf gerissen wird. Schafft man es mit Hilfe von Yoga oder Wodka dennoch, ein zweites Mal Schlaf zu finden, so ist auf die durchschlagende Weckwirkung der zweiten Schicht zwischen 5 und 6 Uhr garantiert Verlass.

In ihrem Kampf gegen die Schläfrigkeit der Moskowiter sind die Müllmänner nicht allein: Offenbar erhöht das Gepolter auch die Wachheit der Nachbarn. Regelmäßig kommt es nach der ersten »Abfuhr« zum lautstarken Umtrunk unten auf der Straße: Sie haucht den Alkoholleichen neues Leben ein. Das macht zwar Schlaf unmöglich – bereichert aber wenigstens den Wortschatz, weil die Nachtvögel in der Regel tiefgreifende Kenntnisse der russischen Flüche haben und diese auch lautstark nutzen. Ungemach droht auch von den Auto-Alarmanlagen. Die meisten von ihnen scheinen so programmiert zu sein, dass sie beim geringsten Windstoß oder beim Missbrauch durch Hunde als Baum-Ersatz ihren durchdringenden Sirenenklang ertönen lassen. Einige wachsen einem mit der Zeit so ans Herz, dass man sie an der Melodie erkennt und fast automatisch singend oder pfeifend in das nächtliche Orchester mit einstimmt. Glauben Sie mir, den Sound der US-Polizei-Sirene kann ich im Schlaf!

Zuweilen erklingen ohrenbetäubende Terzette, zu denen im Vergleich die Drei Tenöre Leisetreter sind, wobei eine Stimme gleich den Einsatz der nächsten provoziert. Auch lautstarke Feuerwerke, die sogar bei privaten Festen groß in Mode sind, lösen regelmäßig die Auto-Alarmanlagen aus. Diese Symphonie aus scheppernden Mülltonnen, Sirenen, Feuerwerks-Geknall und sich zuprostenden Nachtschwärmern lässt auch die streunenden Hunde nicht gleichgültig

– und sie heulen herzerweichend mit. Die Nachtbaustelle zwei Häuser weiter und die sowjetische Plattenbauweise erledigen den Rest: Wenn um sieben Uhr morgens im Büro direkt über meinem Schlafzimmer die Putzkolonne anrückt und ich es bis dahin nicht geschafft habe, nach der zweiten Müllabfuhr um sechs Uhr wieder in Tiefschlaf zu fallen, ist der Wecker endgültig überflüssig.

All diese Zusammenhänge muss man kennen, um ein gängiges Vorurteil zu entlarven. Die Russen, für die ein Anruf vor zehn Uhr morgens mindestens ebenso unanständig ist wie ein Klingeln in Deutschland nach zehn Uhr abends, sind zu Unrecht als Langschläfer verschrien: In Wirklichkeit sind sie wohl notgedrungen Nachtarbeiter – die in der Dunkelheit vor lauter Lärm keinen Auge zubekommen und nur in den Morgenstunden ein wenig gegen ihr notorisches Schlafdefizit ankämpfen können.

Matschspringen zum Frühstück

Wieder daneben und mit vollem Karacho im Matsch gelandet. Dreckverspritzt, mit schmutzigen Schuhen und ziemlich ratlos stehe ich mitten in Moskau, am Proletarka-Platz. Ich werde meine Sprungtechnik weiter vervollkommnen müssen, wenn ich die Winter in Russland trockenen Fußes überleben will. Pfützen wie diese hier am Zebrastreifen – eigentlich war es eher ein kleiner Teich – sind noch immer eine Nummer zu groß für mich.

Dezember in Russland: Da denkt man als Deutscher an ein sonniges Wintermärchen mit meterhohem Schnee und tiefem Frost. Pustekuchen. Der Winter-GAU ist eingetreten. Wenn nach heftigem Schneefall die Quecksilber-Säule in den Plastik-Thermometern vor den Küchenfenstern über null steigt, klingeln bei eingefleischten Moskowitern alle Alarmglocken. Jeder Gang aus dem Haus wird zur neuen sportlichen Disziplin HMS, also »Hindernis-Matsch-Springen«, einer besonders anregenden Disziplin des Russki extrem.

Wahrscheinlich wäre jede Kanalisation der Welt überfordert, wenn plötzlich eine meterhohe Schneedecke schmilzt. Aber während die meisten Moskauer Straßen längst Mercedes- und Rolls-Royce-tauglich sind, herrschen auf den Fußwegen immer noch sowjetische Zustände: Der Asphalt ist zuweilen löchrig wie Schweizer Käse, während das Gebiet um die Bordsteine eher an das bayerische Voralpenland erinnert. Diese Hügellandschaft füllt sich bei Tauwetter mit meterweiten Pfützen, die zum Teil so tief sind, dass sie einem bei näherer Bekanntschaft eine Kneippkur in Bad Wörishofen ersetzen.

Der geübte Moskowiter schlägt in diesen Tagen atemberaubende Haken, geht in unregelmäßigen Schlangenlinien, hüpft und springt. Wenn jemand schnurstracks seines Weges geht bzw. schwimmt, kann das nur drei Gründe haben:

a.) Er war schon vorher nicht mehr trocken bzw. nüchtern.
b.) Er ist Auswärtiger und so von der Schönheit oder den Schaufenstern Moskaus beeindruckt, dass er bis zum ersten Fehltritt nicht auf den Boden sieht – und dafür bald mit einer Grippe büßen wird.

c.) Er trägt wasserdichte Gummistiefel – vorzugsweise aus dem einstigen kapitalistischen Feindesland.

Die letzte Variante ist dann doch die vernünftigste, denn die Nässe in Kombination mit den ätzenden Streusalz-Resten geht auf die Dauer ins Geld: Selbst robustes Schuhleder aus dem Westen erinnert binnen kurzem an brüchiges Pergament. Dafür sind die Hindernisläufe auch eine interessante Schule fürs Leben: Man muss kombinieren können, die eigenen Kräfte richtig einschätzen – und auch den Gegner, der gerade auf einen zuspringt. Bei jedem vorweihnachtlichen Spaziergang hat man mindestens fünf Züge bzw. Schritte im Voraus zu berechnen. Kein Wunder, dass die Russen deshalb so gute Schachspieler sind.

Aber auch der Autofahrer ist herausgefordert. Wer seine Füße vorm Einsteigen nicht kräftig an der Türschwelle abklopft, hat dort, wo einst die Fußmatte lag, in kurzer Zeit ein Schlammbad. Der Aktionsradius des Wagens wird nicht mehr vom Volumen des Benzintanks bestimmt, sondern von der Größe des Tanks für die Scheibenwischanlage: Der trübe Inhalt der Pfützen ergießt sich ohne Unterbrechung auf die Windschutzscheibe, und sobald das Wischwasser ausgeht, kann man nur noch im Blindflug und auf Gehör weiterfahren (was offenbar viele Moskowiter todesmutig auch tun, denn anders ist ihr Fahrstil kaum zu erklären).

Damit im Auto alles einheitlich durchnässt ist, kommen die massenhaft im Kofferraum mitgeführten frostfesten Wischwasser-Lösungen in Russland mit Deckeln auf den Markt, die sich nach dem ersten Öffnen nicht mehr richtig schließen lassen – und schon erfreut sich auch der Kofferraum einer anhaltenden und besonders wohlduftenden Feuchtigkeit. Wenn schon im Innern seiner Karosserie alles voller Wasser ist, hat der Autofahrer am Ende seiner Fahrt die Nase gestrichen voll. Also sind die Moskowiter Meister im millimetergenauen Plazieren ihres Autos auf dem Parkplatz oder am Straßenrand geworden. Es ist nämlich gar nicht so ohne, eine Stelle zu finden, an der man aussteigen kann, ohne prompt in einer Pfütze zu landen.

Als Westler bringt einen all das gehörig ins Schwimmen. Mancher frühere Sowjetbürger sieht die Nässe aber gelassener. Als unlängst Igor in einem Hotel klagte, er könne in seiner Nasszelle eine Dusche nehmen, ohne dieselbe einzuschalten, weil es so stark aus dem Bad ein Stockwerk drüber tropfe, beruhigte ihn die Direktorin umgehend: »Das wissen wir! Das ist der Engländer, der das Zimmer über Ihnen hat. Die duschen einfach zu oft, diese Ausländer. Die sind halt so, aber machen Sie sich deswegen keine Sorgen!«

Offenes Postgeheimnis

Dass Vertraulichkeit ein hohes Gut ist, lernt man oft erst zu schätzen, wenn sie einem fehlt – und man in seinem Briefkasten geöffnete Kuverts vorfindet. Ich werde nie erfahren, ob meine Hausmeisterin in bester Absicht gehandelt hat, aus Neugierde oder – das Unwahrscheinlichste – gar im Auftrag: Schließlich gehört das Haus, in dem ich wohne, einer Tochterfirma des Außenministeriums. Die Hausangestellten sind damit fast so etwas wie Beamte. Insider sagen ihnen eine gewisse Nähe zu gewissen Behörden nach, deren Namen man besser nicht ausspricht – zumindest wenn man weiter in Frieden leben möchte.

Jedenfalls war ich etwas überrascht, als da ein großer Briefumschlag aus Deutschland geöffnet in meinem Briefkasten lag. Ich dachte zuerst daran, dass es auf dem Luftweg aus der fernen Heimat etwas zu ruppig zugegangen sein musste – doch dafür war der Schnitt am Kuvert viel zu sauber. Auch die besagten Dienste zu verdächtigen, deren Namen wir hier nicht erwähnen wollen, wäre naiv gewesen. Denn die sind dank technologischer Raffinesse inzwischen in der Lage, auch ungeöffnete Briefsendungen zu durchleuchten und zu lesen, wie mir einmal ein westlicher Lieferant der entsprechenden Maschinen nach ein paar Glas Wein offenbarte.

Des Rätsels Lösung brachte dann eine Aufschrift, fein säuberlich mit Kugelschreiber über dem Adressfeld angebracht: »Innen liegen die Telefonrechnungen«. Die Hausmeisterin – die entweder zur Entlastung des Postboten oder um besser informiert zu sein alle Sendungen im Haus selbst verteilt – hatte einfach das Kuvert als Transportbox benutzt und sozusagen im Huckepack-Verfahren noch eine weitere Sendung mit hineingesteckt. Was für einen Sinn das macht, werden Sie nun fragen. Das fragte ich mich auch. Lange. Eine logische Antwort fand ich beim besten Willen bis heute nicht. Vielleicht mag ich manchmal einen kurzsichtigen Eindruck machen – aber sollte die Hausmeisterin wirklich glauben, ich würde nur große Umschläge wahrnehmen, und kleine mit so wichtigen Dingen wie der Telefonrechnung würden mir durch die Lappen gehen? Oder war sie einfach neugierig, was da in so einem großen Umschlag angekommen ist, noch dazu aus dem fernen Deutschland?

Für einen Katalog mit Westwaren, die hier in Russland immer noch begehrt sind (weil sie von Frauen als Schnittmuster-Vorlage genutzt werden und von Männern wegen der Bademoden- und Unterwäsche-Bilder als billiger Playboy-Ersatz), war die Sendung eindeutig zu dünn. Dachte die Hausmeisterin etwa, sie könnte mich als Leser von Zeitschriften entlarven, die in Russland immer noch bei vielen, die sich ausgiebig damit befasst haben, als unzüchtig gelten? Mit leicht bis gar nicht bekleideten jungen Damen? Oder vertrauliche Finanzunterlagen mit Hinweis auf mein finanzielles Polster – oder das Gegenteil davon?

Wenn dem so wäre, müsste die Enttäuschung der Hausmeisterin riesig gewesen sein – das unschuldige Kuvert enthielt nichts außer einem deutschen Nachrichtenmagazin. Das scheint bei ihr nicht auf großes Interesse gestoßen zu sein: Jedenfalls bekomme ich die Telefonrechnung jetzt wieder ganz normal in den Briefkasten, einzeln und nicht mehr »eingebettet« in meine großen Umschläge.

Vorsichtig bin ich dennoch: Vertrauliche Post lasse ich mir nicht nach Moskau senden. Und Hefte mit Bildern, die im orthodoxen Russland als unanständig gelten, kämen mir nie ins Haus; zumindest nicht auf dem Postweg. Zum einen sollte man es sich mit einer so wichtigen Person wie der Hausmeisterin wirklich nicht verderben. Und zum anderen wüssten spätestens am nächsten Tag wohl alle Nachbarn von solchen unschicklichen Interessen.

Russisches Roulette im Fahrstuhl

Noch heute erinnere ich mich an das seltsame Knacksen, das nichts Gutes erhoffen ließ. Vor allem, weil es an Stelle des gewohnten Quietschens zu hören war, mit dem sich sonst die von der Last der Jahre gezeichneten Lifttüren langsam öffnen. Nach dem Knacksen herrschte Totenstille – und der Lift blieb zu. Für geborene Moskowiter ist diese Situation nichts Ungewöhnliches. Aber wenn man mit funktionierenden Aufzügen groß geworden ist, sieht das ein bisschen anders aus. Auch wenn ich inzwischen immer besser darin werde, bei so einer unfreiwilligen Pause im Aufzug ruhig Blut zu bewahren. Jedenfalls war ich irgendwo zwischen dem siebten und dem achten Stock auf Wolke sieben, als sich nach meinem Notruf tatsächlich eine robuste Frauenstimme meldete.

Nicht immer hat man so viel Glück, wenn die Lift-Technik versagt. Bei meiner letzten Gefangenschaft herrschte eine halbe Ewigkeit Schweigen im Äther. Und als sich dann endlich jemand meldete, waren die ersten Worte: »Stellen Sie sich doch nicht so an.« Als ob ich mich selbst im Lift verbarrikadiert hätte.

Diesmal, beim ersten Steckenbleiben in meinem neuen Zuhause, war die Frauenstimme dagegen sehr freundlich: »Das kommt ständig vor bei diesem Lift. Drücken Sie auf ein anderes Stockwerk, kräftig, zur Not schlagen Sie gegen das Bedienungs-Modul, dann fährt er weiter.« Tatsächlich – ein einziger beherzter Knopfdruck brachte mich in Freiheit. Inzwischen habe ich mich an die Launen meines Lifts gewöhnt, den Nervenkitzel dieser Abart des russischen Roulettes auf dem Weg zur Arbeit und in den Feierabend möchte ich kaum noch missen. Wir haben uns arrangiert, mein Lift und ich, und wenn ich mal eine ganze Woche lang nicht steckenbleibe – was selten vorkommt – mache ich mir schon Sorgen, dass etwas mit der Technik nicht mehr stimmt.

Meine Besucher nehmen das nicht immer ganz so humorvoll: Wenn ich jemanden nicht vorab vor den Launen meines Liftes warne, macht der garantiert Zicken und lässt meine Gäste stecken. Manche meiner Freunde trauen dem wackeligen Frieden mit der Technik nicht – und kommen lieber zu Fuß zu mir in den achten Stock.

Kein Wunder – die meisten Russen sind gebrannte Kinder, was Fahrstühle angeht. Fast jeder dritte Lift im Lande hat seine »Dienstnorm« – 25 Jahre – überschritten und müsste eigentlich längst im verdienten Ruhestand beim Altmetall ruhen. Viele trotzen seit 35 und 40 Jahren der Schwerkraft – als auf- und abpendelnde Zeitbomben.

Nicht einmal die wichtigsten Kinder des Landes bleiben da vor Ungemach verschont. Auch Wladimir Putin fand keine Gnade vor dem Schicksal – so wird zumindest von gutunterrichteten Kreisen erzählt. Zum 90. Geburtstag des Schriftstellers Sergej Michailkow, der schon für Stalin und Breschnew die Nationalhymne dichtete und für Putin rückfällig wurde und zum dritten Mal einen neuen Text verfasste – diesmal für Russland –, reiste Putin den Berichten zufolge mit gesammeltem Gefolge an. Mit einem Strauß Blumen in den Händen betrat der damalige Landesvater den Fahrstuhl – oben sollte ihn der Jubilar direkt an der Liftüre in Empfang nehmen.

Weil Putin kein gewöhnlicher Lift-Fahrer ist, standen ihm vorschriftsgemäß vier Leibwächter zur Seite. »Fracht abgefertigt«, meldete der diensthabende Offizier unten an seinen diensthabenden Kollegen oben. Doch von dem kam kein »Fracht angekommen« aus dem Funkgerät zurück. Leichte Panik brach aus – kennt doch jeder ehrbare Leibwächter die Szenen aus amerikanischen Filmen, in denen böse Menschen oben im Liftschacht Position beziehen und die Kabine mit Pistolen durchlöchern.

Ob es nun am Gewicht der Leibwächter lag, der Überschreitung der zulässigen Personenzahl, oder ob das Gerät angesichts so hochrangiger Fracht vor Ehrfurcht erstarrte – der Lift gab auf halber Strecke seinen Geist auf. Und als einer der Leibwächter den Notruf betätigte und der obligatorischen Frauenstimme berichtete, ihr Staatschef höchstselbst stecke in der Bredouille, soll die Antwort eher grob ausgefallen sein: »Für blöd verkaufen kann ich mich selbst.« Die Dame wollte partout nicht an den dicken Fang glauben. Wie nicht anders zu erwarten, hatte die Kremlwache ihre eigenen Kanäle, und so konnte sie der Liftverwaltung binnen kürzester Zeit den Ernst der Lage klarmachen.

Geholfen hat das wenig. Sage noch einer, Russland sei nicht demokratisch: Wie ein gemeiner Sterblicher musste auch der Staatschef geschlagene 30 Minuten warten, bis er befreit wurde. Die Rettung kam buchstäblich in letzter Sekunde, bevor der Zwischenfall aktenkundig geworden wäre: Wer länger als eine halbe Stunde feststeckt, hat Anspruch auf Entschädigung.

Putins Reaktion soll nicht druckreif gewesen sein, und auch dem stets servilen Jubilar sei die Freude am

Feiern gründlich vergangen, heißt es. Dabei kam der Staatschef noch mit einem blauen Auge davon. Anders als etwa jener leicht angetrunkene Mann in Wolgograd, der ungeduldig auf den Lift wartend gegen die Türe trat, die sich prompt öffnete – allerdings ohne dass sich dahinter auch die Liftkabine befand. Als der arme Mann das bemerkte, war es zu spät. Er konnte den Kampf gegen die Schwerkraft nicht mehr gewinnen, weil er bereits in den Schacht getreten war. Er kam nur deshalb mit dem Leben davon, weil der Fehltritt im zweiten Stock erfolgte und die Kabine im Erdgeschoss stand und ihn auffing. Der zuständige Techniker hatte, die ständigen Reparatur-Einsätze leid, einfach die Blockierungsmechanismen der Lifttüren abgeschaltet.

Doch nicht für alle bringen die Liftprobleme Leid. Mein georgischer Freund Dato, ein Baum von einem Mann, schwört auf die regelmäßigen Stromausfälle in seiner Heimatstadt Tiflis. Nicht dass er die 18 Stockwerke bis zu seiner Wohnung in einem Hochhaus gerne zu Fuß hochlaufen würde – »danach müsste ich mir selbst den Totenschein ausstellen«, scherzt der bejahrte Arzt und zeigt auf seinen Bauch, der von Wohlstand zeugt. Dato nutzt den Lift als Alibi, wenn er abends keine Lust hat, nach Hause zu seiner Frau zu gehen. Ich habe selbst mitbekommen, wie er mit ihr telefoniert: »Schätzchen, haben wir heute Strom?«, fragt er sie. Und dann huscht ein Lächeln über sein Gesicht: »Was, wieder nicht? Meine Liebste, sei mir nicht böse, aber wenn der Lift nicht geht, kann ich nicht heimkommen, ich schaffe das nicht, beim besten Willen. Ich beiße in den sauren Apfel und übernachte bei Freunden!«

Dato nimmt den Hörer vom Ohr und freut sich diebisch: »Hurra, jetzt habe ich einen freien Abend. Gar nicht daran zu denken, wie schrecklich es wäre, wenn die Lifte immer funktionieren würden, wie bei euch in Deutschland! Mit eurer zuverlässigen Technik lebt ihr doch in völliger Unfreiheit!« Ich habe mir das Knowhow inzwischen abgeguckt. Ein russischer Lift ist immer für eine glaubwürdige Ausrede gut – egal, ob man morgens zu spät in die Arbeit kommt oder abends nicht früh genug nach Hause.

Ich krieg die Krise

»Was? Ihr habt eine Krise? Ihr Deutschen?« Der Taxifahrer mit dem armbreiten Schnurrbart und Haaren wie einer Pelzmütze starrte mich mit offenem Mund an und riss vor lauter Schreck das Steuer in Richtung Ufermauer. Beinahe drohten wir in der trüben Brühe der Moskwa zu landen. Dabei hatte ich doch nur versucht, den Preis drücken – und mich dabei als arg gebeutelter Deutscher zu erkennen gegeben.

Ob bei Privatleuten, die nach Feierabend ihr karges Gehalt am Steuer ihrer verbeulten Familienkutsche aufbessern, oder bei offiziellen »Taxisten« in ihren schweren, signalgelben Wolgas – Ausländer gelten manchen Fahrern immer noch mehr als Melkkuh denn als pfleglich zu behandelnder Fahrgast. Auf den ersten Blick scheint der Preis in Moskaus Taxis Verhandlungssache zu sein. In Wirklichkeit gibt es aber offenbar psychologisch fein abgestimmte Tarife.

Wer sein Fahrziel mit leichtem Akzent nennt und gut gekleidet ist, zahlt schon mal 50 Prozent mehr. Radebrechendes Russisch in Kombination mit Krawatte kann zum doppelten Fahrpreis führen. Besonders teuer zu stehen kommt den Passagier zuweilen Englisch: Ein amerikanischer Kollege, der aus Russland berichtet, ohne die Landessprache zu kennen, zahlt dafür nicht nur journalistisch einen hohen Preis, sondern auch in Sachen Transport: Selbst für kürzeste Strecken zahlt er regelmäßig einen Aufschlag von 300 bis 400 Prozent, quasi eine inoffizielle Strafsteuer auf fehlende Sprachkenntnisse.

Als Student habe ich mich oft als Lette ausgegeben, um Geld zu sparen – damals fuhren Balten zum »Inländer-Tarif«. Seit das Baltikum zur EU gehört und Letten nicht mehr automatisch als Brüder gelten, habe ich mir eine neue Strategie zurechtgelegt, die allerdings eine gute Planung erfordert: Ich bestelle Taxis nur noch telefonisch und mache vorher einen Fixpreis aus. Wenn ich in der Not dennoch am Straßenrand mit einem Fingerzeig den nächstbesten Wagen anhalte, wie es in Moskau üblich ist, führe ich den Preiskampf mit den Methoden der psychologischen Kriegsführung.

Es sei dahingestellt, ob ich mir meine kühle Strategie an diesem Abend durch zu viel georgischen Wein vernebelt hatte oder sie vor Schreck vergaß, weil der alte Lada-Samara unter der Last der Jahre schon beim Heranfahren bedenklich ächzte: Jedenfalls machte ich nach erfolgreichem Heranwinken einen Anfänger-Fehler und handelte den Fahrpreis nicht aus, bevor ich einstieg – und das bei einem Privatmann. Dem Wucher waren damit Tür und Tor geöffnet. Sagte ich mir zumindest.

Kaum ließ der tattrige Motor das rostige Vehikel mühsam in Richtung Erlöser-Kathedrale und Uferstraße losknattern, begann die Mischung aus Alain Delon und kaukasischem Ziegenhirten am Steuer, mich zu taxieren – und das offenbar in des Wortes doppelter Bedeutung.

»Woher kommen Sie denn?«, fragte der Taxler mit einer Stimme so tief wie ein Kontrabass. Im Wagen roch es nach Benzin und billigem Parfüm früherer Passagiere, Marke »Rotes Moskau«, Russlands Antwort auf 4711. Kaum sagte ich »Deutschland«, huschte ein verdächtiges Lächeln über sein Gesicht und sein gewaltiger Schnurrbart bebte. Mein kleiner Zeh sagte mir, dass seine Freude nicht primär seiner aufrichtigen Liebe zu »Germania« entsprang. Als er »schönes Land, sehr reich« hinzufügte, schrillten bei mir alle Alarmglocken: Ganz klar: Er will den Preis treiben!!!

Ich musste sofort in die Offensive gehen.

»Wir Deutschen sind inzwischen ärmer als viele Russen; gegenüber euren Oligarchen stehen wir nackt da wie ein russischer Landpfarrer gegenüber dem Papst«, antwortete ich. Er schwieg. »Sie haben dank Rohstoffen immer Ihr Auskommen, aber wir haben eine Wirtschaftskrise«, schob ich also noch schnell hinterher. Dann machte das Auto einen gefährlichen Satz in Richtung Fluss. Ich war wohl über mein Ziel hinausgeschossen. Aber das Auto nicht weniger – fast über die Ufermauer.

Statt auf die Straße blickte mein verhinderter Formel-1-Pilot entgeistert zu mir auf den Beifahrersessel: »Mein Gott!«, rief er aus und schlug die Hände über dem Kopf zusammen. »Sind alle Banken pleite? Kommen die Leute nicht mehr an ihr Geld wie bei uns früher?« Ich schüttelte zaghaft den Kopf. »Die Währung? Der Euro kaputt? Nur noch Papier, wie der Rubel früher?« Wieder Kopfschütteln. »Probleme mit Lebensmitteln? Leere Regale?« Nein. »Warteschlangen überall? Stundenlange?« Endlich hatte ich eine Chance: »Ja, samstags im Supermarkt«, und machte gleich weiter: »Kreditkrise, fallende Aktienkurse, Rezension, Sparen, etwa im Gesundheitswesen …«

Wieder unterbrach mich der Mann am Steuer. »Aha, müsst ihr jetzt auch für Operationen selbst bezahlen, wie wir?« Ich schüttelte den Kopf und blickte besorgt zur Ufermauer, die wieder gefährlich nahekam. »Nein, nein, so schlimm ist es noch nicht. Aber man muss zehn Euro pro Arztbesuch und Quartal bezahlen.« Mein Fahrer lächelte schief, sein Schnurrbart zitterte: »Ts! Meiner Mama musste ich 1000 Dollar geben, für eine Operation am Kiefer, und bei euch sind zehn Euro eine Krise?«

Es war falsch, die Zahl zehn zu nennen, fuhr mir durch den Kopf. Also malte ich weiter den kollabierenden deutschen Sozialstaat aus: »Den Arbeitslosen geht es dreckig. Sie kriegen nur ein Jahr Arbeitslosengeld. Dann wird die Unterstützung gekürzt auf Hartz IV – das reicht nur gerade so zum Leben«, fügte ich hastig hinzu.

»Arbeitslosengeld? Kürzungen? Bei uns gäbe es da gar nichts zu kürzen!« Er blickte mich verständnislos an, fast so, als hätte sich ein Oligarch darüber beklagt, dass er sich für seinen Zweit-Maybach keinen Ersatz-Chauffeur leisten kann: »Na, ihr habt Sorgen! So eine Krise wünsche ich mir!«

Was Russen guttut, bringt Deutschen den Tod, besagt ein altes russisches Sprichwort, das auf den Nationaldichter Puschkin zurückgeht – und dessen Gültigkeit sich bis heute etwa beim bilateralen Wodka-Gelage gut beobachten lässt. Offenbar sollte die Redensart aber dennoch modernisiert werden: Was für Russen ein Wunschtraum ist, bedeutet für Deutsche eine Krise.

Auch die Kürzung von Weihnachts- und Urlaubsgeld wird mich verhandlungstaktisch nicht weiterbringen, sagte ich mir. Also versuchte ich eine andere Stoßrichtung und scheute keine Übertreibung, um Mitleid zu erregen. »Die Arbeitszeit soll wieder erhöht werden, und es ist nicht mal ausgeschlossen, dass der Urlaub verkürzt wird.«

Endlich etwas Hoffnung: Eine Spur von Mitgefühl war auf seinem Gesicht zu sehen, die Stirn in Falten, die Schnurrbartspitzen senkten sich traurig Richtung Pedale. »Wie lange müsst ihr denn künftig arbeiten? Und wie viel Urlaub habt ihr heute?« Meine Antwort erschütterte ihn. »Was? Sechs Wochen? Anderthalbmal so viel wie wir? 40 Stunden die Woche? Da arbeite ich in meinem Chemie-Labor mehr, für ein paar hundert Euro im Monat – und fahre nach Feierabend noch jeden Tag Taxi!«

Langsam gingen mir die Argumente aus. Gott sei Dank waren wir fast bei mir zu Hause angekommen. Die Mitleidsnummer hatte versagt, alle Schüsse waren nach hinten losgegangen. Unsere Krise taugt nichts, sagte ich mir, und machte mich darauf gefasst, statt der üblichen 200 Rubel (zirka sechs Euro) für den Heimweg aus der Innenstadt heute 300 abgeknöpft zu bekommen.

Quietschend bremste mein Ritter der Uferstraße sein rostiges Stahlpferd. »Machen wir 70 Rubel. Weil du es bist und weil es so interessant war«, sagte er unverhofft und lächelte breit: »Und grüße mir Deutschland! Mein Bruder lebt dort! Es gefällt ihm sehr.«

Ich legte einen 100-Rubel-Schein auf das staubige Armaturenbrett neben die kleinen Plastik-Ikonen. »Ohne Wechselgeld«, sagte ich leise und schlug in seine ausgestreckte Hand ein. Der Abschied war so herzlich, dass ich seinem Schnurrbart bedenklich nahekam. Beschämt stieg ich aus. Wäre ich seiner Umarmung nicht durch das schnelle Aussteigen entkommen – ich bin sicher, der arme Mann hätte am Ende mir mehr Geld zugesteckt als ich ihm.

NORMALER WAHNSINN

Heilsofa gegen Impotenz

Es ist weit nach Mitternacht und die Straße finster und einsam, als die alte Taxifahrerin plötzlich ihren standhaft dem Rost trotzenden Wolga scharf abbremst. »Sie haben hoffentlich nichts dagegen, wenn wir warten«, zischt sie mir zwischen ihren Zahnlücken hindurch in Richtung Rücksitz zu. Ich bin nicht nur überrascht, mir wird auch etwas mulmig. Hat sie gestoppt, weil hier, in einer schwachbeleuchteten Vorstadt von Kiew, irgendwo ihre Komplizen im Gebüsch auf mich warten? Ich kenne niemanden, der jemals in einem Taxi wirklich überfallen worden wäre – aber auch kaum jemanden, der nicht Angst davor hätte und irgendwelche Schauergeschichten aus dritter Hand zu erzählen weiß.

»Worauf warten wir?«, frage ich zaghaft nach vorne und erkenne, dass auch die Taxifahrerin nervös ist. Sie schnaubt über meine dumme Frage und sieht mich an wie einen Idioten, der einen Mercedes nicht von einem Lada unterscheiden kann: »Du hast doch die Katze gesehen!« Als ich immer noch ein verdutztes Gesicht mache, schüttelt sie ungläubig den Kopf: »Die schwarze Katze, die gerade vor uns über die Straße gelaufen ist! Wir müssen jetzt warten, bis ein anderer Wagen an dieser Stelle die Straße überquert, sonst bringt das Unglück.« Ich seufze und halte Ausschau nach dem nächsten Wagen. Aber die Kiewer scheinen alle schon in ihren Betten zu liegen, es will uns einfach kein Auto entgegenkommen – und so wird der Aberglaube zur Geduldsprobe.

Ob in Russland, der Ukraine oder Georgien: Ausgerechnet in der früheren Sowjetunion, in der man alles streng wissenschaftlich erklären wollte, selbst den Marxismus, ist das Vertrauen ins Übersinnliche allgegenwärtig. So ist es selbst für Akademiker selbstverständlich, sich nicht über eine Türschwelle hinweg zu begrüßen. Da sie die Grenze zwischen dem Haus und der feindlichen Außenwelt darstellt, könnte durch einen Handschlag die Schwelle zwischen den beiden Welten von finsteren Geistern überbrückt werden, so dass sie in der Lage wären, ins Haus einzudringen und Streit auszulösen.

Bei aller Begeisterung für Technik und westliches Know-how lassen neureiche Russen schon mal von Magiern Hühnerblut auf ihre Luxus-Limousinen streichen, um sie vor Diebstahl zu schützen. Weil ich weder ein teures Auto besitze noch Hühnerblut auftreiben konnte, habe ich mir die Technik in leicht abgewandelter Form zunutze gemacht: Ich stelle meinen Lada-Niva unter einem Tauben-Nistplatz in der Nachbarschaft ab. Die Verdauungsprodukte der Vögel tun ihren Dienst: Der Wagen macht zwar keinen appetitlichen Eindruck, aber von Langfingern blieb ich verschont. Nur einmal, kurz nach Besuch der Waschanlage (was eigentlich das falsche Wort ist, denn was in Deutschland die elektrischen Drehbürsten erledigen, machen bei meiner »Anlage« um die Ecke drei Männer in Handarbeit mit Lappen und Schläuchen), war urplötzlich die Scheibe eingeschlagen und mein Radio verschwunden. Seit ich auf die Autowäsche verzichte, bin ich auf der sicheren Seite.

Mein Nachbar Arthur, der Pianist aus dem fünften Stock, war neulich entsetzt, als eine wildfremde Frau im Lift sein kleines Baby lautstark als »hässlich« und »schrecklich« beschimpfte. Beim Aussteigen klärte sie ihn flüsternd auf, sie habe das aus Aberglauben tun müssen – weil das Kleine so ausgesprochen hübsch sei und Lob »schlechte Folgen« nach sich ziehe. Dieses russische Paradox zeigt sich auch in vielen anderen Alltagssituationen: Wer jemandem Glück wünscht, muss ihn beschimpfen: So bitten Studenten ihre Verwandten und Bekannten, vor dem Antritt des Examens gegen sie zu wettern und zu geifern.

Wer auf diese verlässliche Methode zurückgreift, sollte aber auch die Risiken bedenken: Meine Freundin Tanja geriet mit ihrer Mutter in einen handfesten Streit, als diese sie am Morgen ihres Staatsexamens mit wüsten Beschimpfungen aus dem Bett holte, aber die arme Tanja, schlaftrunken wie sie war, den Hintergrund nicht verstand und munter zurückschimpfte – was nun wiederum ihre Mutter ganz und gar nicht erbaulich fand. So sehr der Familienfrieden litt, die doppelte Schimpferei hielt, was der Aberglaube verspricht, und Tanja legte ihre Examen mit Auszeichnung ab. Anders als bei Prüfungen und Examen ist das Beschimpfen bei privaten Prüfungen nicht üblich: Wer möchte schon riskieren, dass der Brauch – etwa vor einer Hochzeit – eskaliert und in letzter Konsequenz zur Absage des freudigen Ereignisses führt?

Doch auch nach dem Gang zum Standesamt kann

Aberglaube den Ehefrieden auf den Prüfstein stellen. Ein deutsch-russisches Paar stand knapp vor einer Ehekrise, als der Gatte aus Niedersachsen seiner Frau ein Messer als Geschenk unter den Weihnachtsbaum legte – nicht ahnend, dass Scharfes und Spitzes Unglück bringen. Zu brechen war der Fluch nur durch eine symbolische Kopeke: Der Beschenkte muss sie dem Schenker überreichen, damit aus der Gabe zumindest formal ein ganz profaner Kauf wird. Nur so ist der Fluch des Geschenks gebannt und der Ehefrieden gerettet.

Noch komplizierter werden die magischen Kräfte zwischen Männern und Frauen, wenn der Aberglaube ins Spiel kommt: Die Kolleginnen einer Bekannten haben kürzlich die Wachsblumen aus ihrem Büro verbannt, weil das angeblich die Männer verjagt. Es muss wohl an der angeborenen Milde und Liebenswürdigkeit der russischen Frauen liegen, dass vom gegenteiligen Einsatz der Wachsblume – also zum gezielten Abhalten von Männern – bislang nichts bekannt ist.

Der Chef einer anderen Bekannten wollte nicht, dass ein Foto von ihm ins Intranet seiner Firma gestellt wird. Der Mann, immerhin promoviert und Leiter eines Hightech-Unternehmens, hatte Angst, böse Geister könnten sich an sein elektronisches Abbild heften und dunkle Kräfte zu ihm senden. Sogar Piloten der hochmodernen russischen Jagdflieger MIG und SU haben weniger Angst vor ihren Feinden in der Luft als vor unbedachten Worten: Als ich einen der kühnen Männer bei einem Besuch in einem Fliegerhorst fragte, wann er seinen »letzten Flug« hatte, begann er zu zittern wie nach drei Flaschen Wodka und herrschte mich dann böse an: »Wir Piloten reden immer nur vom ›vorherigen Flug‹ – die Formulierung ›letzter Flug‹ darf man in unserer Gegenwart nie in den Mund nehmen, das kann sonst wie ein Fluch wirken.« Und tatsächlich ist die Absturzquote der russischen Fliegerflotte kleiner als in anderen Ländern und im zivilen Luftverkehr. So schwor es mir zumindest der Pilot. Allerdings kam er an jenem Tag auch trotz meines Fauxpas wieder heil auf die Erde zurück.

Auch die Autofahrer wissen, wie sie das Schicksal und die Unfallstatistik günstig beeinflussen können und garantiert ohne Blessuren von A nach B kommen: Was dem braven Deutschen der Sicherheitsgurt ist, ist dem gemeinen Russe schnuppe. Warum sollte er auf ein schwarzes Band aus Synthetik setzen, das auch noch seine Bewegungsfreiheit einschränkt? Vor allem, wenn es auch so beseelte und praktische Dinge gibt wie kleine Ikonen und Kreuze, die – an den Rückspiegel gehängt oder ans Armaturenbrett geklebt – eine weitaus schützendere Kraft entfalten können? Außerdem fühlt man sich mit so einem Heiligen an Bord nicht so allein und muss in Gefahrensituationen bei seinen Stoßgebeten keine Zeitverzögerung einrechnen: Der Ansprechpartner sitzt ja mit im Auto und hat somit ein großes Interesse daran, selbst nicht in Mitleidenschaft gezogen zu werden.

Wenn Pünktlichkeit in Russland nicht immer als preußische Tugend verinnerlich wird, kann das ebenfalls am Aberglauben liegen: Wer bei Reisen auf Nummer sicher gehen will, muss sich vor der Abfahrt noch einmal schweigend für eine Minute mit seinen Nächsten niedersetzen. Wenn ein Taxi plötzlich nur noch mit halber Kraft dahinkriecht, muss das nicht unbedingt daran liegen, dass ein Zylinder oder eine Zündkerze den Geist aufgegeben haben oder es sich um einen Sonntagsfahrer handelt. Davon konnte ich mich einmal bei einer Taxifahrt auf der Krim überzeugen: Vor uns quälte sich hinter einem Leichenwagen eine Beerdigungsgesellschaft in altersschwachen Bussen den Berg hoch. Dem Taxifahrer ging es nicht um Pietät oder die Gefahren eines Überholmanövers. Er wollte die Trauer-Karawane nicht überholen, weil das Unheil bringen könne, erläuterte er mir: »Wer einen Leichenwagen überholt, kommt selbst schneller ins Grab.«

Für den weitverbreiteten Aberglauben in der früheren Sowjetunion gibt es verschiedene Erklärungen: Zum einen konnte die orthodoxe Kirche die alten heidnischen Traditionen nie ganz ausmerzen. Der Bauer betete in der Kirche ums Seelenheil und stellte dann einen Teller mit Brot vor die Haustür – als Opfergabe für die Geister, damit sie seine Kuh wieder gesund machen. Zur Zarenzeit bekamen selbst die Kinder der gebildeten Oberschicht den Sinn fürs Übersinnliche von ihren bäuerlichen Kindermädchen eingebläut.

Die Landflucht, die Ende des 19. Jahrhunderts einsetzte, brachte immer mehr Dörfler in die Städte, und mit ihnen den Glauben an übernatürliche Mächte. Nach der Revolution 1917 kam es zu einem weiteren »Zivilisationsverlust«: Viele gebildete und aufgeklärte Städter waren emigriert, im Bürgerkrieg ums Leben gekommen oder siechten in Stalins Lagern dahin. Damals wie heute dürfte auch die Armut ein Grund für den Glauben an Magie und Geister sein: Auf wen sonst soll man noch hoffen, wenn man beispielsweise kein Geld hat für eine dringend benötigte Operation und mit Gottvertrauen so seine erfahrungsbedingten Schwierigkeiten hat?

Dass der Aberglaube in Russland heute eine weit größere Rolle spielt als im Westen, liege wohl auch an der russischen Seele, glaubt zumindest der Moskauer Schriftsteller Viktor Jerofejew: Die sträube sich »gegen die westliche Logik und den kalten Rationalismus«. Mit dieser Interpretation weiß er sich in guter Tradition: »Mit dem Verstand ist Russland nie zu begreifen, mit gewöhnlichem Maß nicht zu messen«, glaubte schon im 19. Jahrhundert der Dichter Fjodor Tjutschew.

Der Glaube ans Übersinnliche machte auch vor den Mächtigen nicht halt. Selbst die Zarenfamilie suchte für den bluterkranken Kronprinz Alexej Anfang des 20. Jahrhunderts den Beistand des Wunderheilers Rasputin. Leonid Breschnew ließ sich von einer georgischen Zauberin die Zukunft vorhersagen, die später auch einen engen Draht zu Boris Jelzin hatte und ihm bei wichtigen Staatsgeschäften spirituell die richtige Richtung wies – oder zumindest das, was sie dafür hielt.

Der trinkfeste Kreml-Zar hielt sich auch einen Telepathen, der sein Flugzeug vor jedem Start nach bösen Geistern und negativen Kraftfeldern abklopfte. Einer von Jelzins Sicherheitschefs hatte einen besonderen Hang zum Übersinnlichen. Zur Informationsbeschaffung soll er zum Schrecken der Kreml-Mitarbeiter auf einen elektrischen Wunderhelm, eine Art Krone mit Antenne, gesetzt haben, mit dem ein Magier seine eigene »Bioenergie« quasi direkt in den präsidialen Kopf implantieren wollte. In einer eigenen Abteilung in der Präsidentenwache waren nach Aussagen eines früheren Mitarbeiters teilweise zehn Beamte mit übersinnlichen Kräften damit beschäftigt, dem Staatschef auf Distanz ihre Energie zu übertragen, seine Gesundheit zu fördern und ihn vor Flüchen, bösen Geistern und gefährlichen Blicken zu beschützen. Astrologie und Hexerei ersetzten nach Angaben von Insidern zuweilen politische Analysen.

Unbestätigte, aber durchaus plausible Gerüchte besagen, dass es selbst dem nüchternen Pragmatiker Putin schwer zusetzte, als ihm vor einigen Jahren bei einem Klosterbesuch ein alter, weiser Mönch ebenso finster wie vieldeutig vorhergesagt haben soll, im Jahr 2004 werde bei ihm »Ruhe eintreten« – eine freundliche Umschreibung für den Abgang von der Welt. Die Vorhersage trat nicht ein. Ganz im Gegenteil. Der Ex-KGB-Oberst betrieb sehr irdische Realpolitik fern von allem Übersinnlichen.

Doch nicht überall. Nach glaubwürdigen Berichten hat die russische Armee eigene Astrologen in ihren Reihen. Und auch das Katastrophenschutz-Ministerium setzt auf Übersinnliches: Der Minister höchstselbst berichtete von einem speziellen Labor, in dem seine Fachleute die Informationen von Magiern sammeln und analysieren. Allerdings gäbe es wenig echte Magier, zum Großteil habe man es mit Spinnern zu tun, bekannte der eher skeptische Minister. Insgesamt lag die Trefferquote der Übersinnlichen demnach bei fünf bis sieben Prozent. Nach dem Absturz eines Flugzeugs in Chabarowsk im Dezember 1995 suchten 127 Magier zwei Wochen nach Überbleibseln – weitgehend erfolglos.

Berührungsängste zwischen Politik und Scharlatanerie sind in Russland praktisch nicht vorhanden. Ende der neunziger Jahre fand im Parlament eine Ausstellung zu »Wundern der Technik« statt, die naturwissenschaftlichen Kriterien nicht unbedingt standhielt. Das interessanteste Exponat war ein »Heilsofa«: Mit Stein und Blei gefüllt, sollte es »Raumenergie« gegen knapp 100 Krankheiten bündeln – einschließlich Frigidität und Impotenz, die ja bei Politikern besonders große Berufsrisiken sind. Auch beim gegenteiligen Krankheitsbild, also zu starkem Interesse am anderen Geschlecht, setzen manche auf Übersinnliches: Um die Sünde eben dort auszutreiben, wo sie sitzt, wedeln russische Magier ihren Patienten schon mal mit Räucherstäbchen zwischen den Beinen herum.

Wer seine Frau verlässt, muss im schlimmsten Fall damit rechnen, dass die ihr Erspartes nicht etwa für einen Rechtsanwalt ausgibt, sondern für eine Zauberin, die ihn dann mit einem Fluch belegt (wobei manches Scheidungsopfer in Deutschland wohl eher Letzteres vorziehen würde). Manche Magierinnen nutzen für ihre Arbeit auch moderne Techniken wie aus dem Westen importierte Saunas: In einem Moskauer Luxus-Hotel fand meine Freundin in der Damensauna, direkt neben dem heißen Ofen, das zerstochene Bild eines Mannes, das mit danebenliegenden Nadeln arg malträtiert worden war, außerdem seltsame schwarze Fäden und ein Becher, aus dem heraus wohl das Foto mit heißem Wasser bespritzt worden war. Aus Ehrfurcht vor den höheren Kräften weigerte sich das Hotelpersonal trotz Brandgefahr, die Bescherung zu entsorgen.

Obskure Wunderheiler lindern Schmerzen via Fernseher – einer von ihnen, Anatolij Kaschpirowskij, schaffte es dadurch offenbar gar als Volksvertreter bis ins Parlament. Ob er in den Sitzungspausen auf dem Heilsofa Platz nahm, ist leider nicht überliefert. Sein

Kollege Juri Longo versprach seinem Klientel Wunder biblischen Ausmaßes: Wie Jesus wollte er übers Wasser laufen. Zu dumm, dass er keine Firma fand, die ihm Steine knapp unter der Wasseroberfläche verlegte.

Anfangs machte ich mich noch lustig über den Aberglauben. Inzwischen würde ich das nie mehr wagen. Denn irgendwas muss schon dran sein. Gestern ist mir vor einer feucht-fröhlichen Feier mit Freunden eine schwarze Katze über den Weg gelaufen. Und prompt hatte ich heute Morgen nach dem Aufwachen üble Kopfschmerzen. Und das, obwohl wir zu dritt nur vier Flaschen geleert haben.

Hauptsache, mobilnik

Der Schreck kommt in 10 000 Meter Höhe und im Halbschlaf. »Lass mich in Ruhe!«, schreit die Frau mit den schmetterlingshaften Ohrringen im Flugzeugsitz neben mir plötzlich.

»Um Gottes Willen, habe ich etwa im Schlummer meine Hand an der falschen Stelle abgelegt?«, fährt es mir schlaftrunken durch den Kopf, und der Gedanke macht mich hellwach. Ich will meine Nachbarin gerade um Verzeihung bitten, als ich begreife, dass ich unschuldig bin wie ein weißes Lämmchen. Die reife Dame in dem kurzen schwarzen Kleidchen hat hoch in der Luft, irgendwo über der Halbinsel Krim, ihr Handy angemacht und streitet sich lebhaft mit jemandem, der offensichtlich unten auf der Erde zurückgeblieben ist.

Nicht nur über den Wolken: Anders als im Westen ist die Freiheit in Russland zuweilen überall grenzenlos – wenn es um das mobile Telefonieren geht. Ob im Theater, in der Vorstandssitzung, beim Festbankett oder beim Rendezvous: Wenn der Gesprächspartner oder der Sitznachbar plötzlich lautstark zu reden anfängt, muss das nicht heißen, dass er sich lebhaft an der Konversation vor Ort beteiligt. Viel wahrscheinlicher ist es, dass er gerade mal wieder mobil telefoniert. Selbst wenn Politiker zusammenkommen, um über die Zukunft des Landes zu beraten, kann man mitunter nicht mehr unterscheiden, wer das Wort führt und wer per Handy mit seiner Frau, Freundin oder Geliebten plauscht.

Sogar in der Sauna, beim Zahnarzt oder während intimer Zärtlichkeiten geraten Mann und Frau zuweilen durch Klingeltöne und SMS-Signale zusätzlich ins Schwitzen und greifen prompt zum »Mobilnik«, wie das Handy auf Russisch heißt, wenn der Ruf sie ereilt. Eine Umfrage des Moskauer »Zentrums für die gesunde Familie« – eine Art »pro familia« auf Russisch – ergab, dass 90 Prozent der Männer und 70 Prozent der Frauen bei einem geschäftlichen Anruf auf ihr Handy das Liebesspiel unterbrechen würden – Geschäft ist Geschäft.

Im Kino bekommt man regelmäßig aufschlussreiche Einblicke ins Privatleben anderer Filmfreunde, die oft spannender sind als der Streifen auf der Leinwand: was die zu Hause gebliebene Gattin zum Abendessen kochen soll, wie die Mathe-Hausaufgabe des Sprösslings zu lösen ist oder wie man die lieben Eltern für ein paar Stunden diskret aus der Wohnung locken kann. Natürlich klingen auch in Deutschland zu jeder Tages-

und Unzeit unzählige Handys. Aber zwischen Kaliningrad und Wladiwostok scheint sich noch nicht flächendeckend herumgesprochen zu haben, dass Mobiltelefone eine Stumm-Schaltung und einen Ausschalt-Knopf haben. Für Ruhe sorgen höchstens leergeplauderte Akkus.

Es ist noch gar nicht lange her, da galt mobiles Telefonieren in Russland als unbezahlbar für Normalverdiener. Jeder, der mit einem Mobiltelefon gesehen wurde, stand im Verdacht, ein zwielichtiger »Business-Emporkömmling« oder gar Mafioso zu sein. Obwohl ein Handy viel billiger und auch unauffälliger ist als eine deutsche Luxus-Limousine auf Moskauer Straßen, wurden die Freiluft-Telefonierer mit den Besitzern solcher Nobelkarossen in einen Topf geworfen.

Die Lage hat sich kolossal gewandelt: Wer heute kein Handy hat, wird zumindest in den großen Städten eher für einen Versager oder zumindest Verlierer der Perestroika gehalten, schlimmstenfalls gar für bereits verstorben. Um das Gegenteil zu beweisen, scheinen viele Russen nichts unversucht zu lassen, um ihr mobiles Gerät möglichst konstant am Ohr zu halten. Ich habe mich inzwischen angepasst und mir ein Zweithandy angelegt: Bei wichtigen Treffen wird man einfach ernster genommen, wenn man mehr auf den Tisch zu legen hat. Ist einem sehr daran gelegen, einen besonders wichtigen Eindruck zu machen, sollte man vorher mit jemandem verabreden, dass er einen mindestens alle 15 Minuten anruft – sonst drohen Minderwertigkeitsgefühle, weil die anderen am Tisch garantiert viel mehr gefragt sind.

Der Liebe der Russen zum mobilen Telefonieren tat es auch keinen Abbruch, dass sie anders als in Deutschland bis vor einiger Zeit für die meisten eingehenden Anrufe selbst zur Kasse gebeten wurden: Nicht der Anrufer bekam üblicherweise die Kosten abgebucht, sondern der Angerufene.

Für manche ist das Handy dennoch die billigere Alternative zum Festnetz-Anschluss. Waren die zu Sowjetzeiten Mangelware, so sind heute Gebühren von ein paar tausend Dollar für Erst-Anschlüsse in einem Neubaugebiet keine Seltenheit: Nicht der Markt bestimmt den Preis, sondern das Monopol der Telefongesellschaft – und oft auch die Bestechlichkeit ihrer Mitarbeiter, die eben nur dann ein Kabel verlegen, wenn es sich für sie wirklich lohnt. Man könnte auch von »Racket« sprechen, wie die Russen früher Schutzgelderpressung nannten, und inzwischen jede Form von Handaufhalten mit sanftem Druck.

Haben sie erst einmal ein Telefon in Händen, fühlen sich die Russen wie im Himmel und wollen selbst über den Wolken nicht auf dieses Gefühl verzichten.

In Flugzeugen lässt sich auch studieren, dass Familien- und Freundesbande in Russland noch viel intakter und enger sind als in Deutschland. Spätestens nach der Landung ruft die Hälfte der Passagiere aus der noch rollenden Maschine ihre nächsten Verwandten und Freunde an, um sie in Echtzeit an ihren spannenden Urlaubserfahrungen teilhaben zu lassen, in der Regel: »Wir sind jetzt gelandet.«

Man könnte fast auf die Idee kommen, das Telefon spiele in solchen Situationen die Rolle eines Beruhigungsmittels: Handy am Ohr statt Schnuller im Mund. Vielleicht sind ja wegen des oft entmutigenden Anblicks russischer Linienmaschinen autogene Übungen mit dem Handy nötig, um halbwegs entspannt den

Start oder die Landung zu überstehen. Ich bin da wohl abgebrühter als so manch echter Russe.

Deutsche Flugzeuge gelten zwar auch in Russland als besonders sicher, haben aber einen wesentlichen Nachteil: die Strenge der Bordbesatzung, die an Herzlosigkeit grenzt. Nicht nur, dass die Handy-Benutzung an Bord verboten ist – die westlichen Stewardessen achten auch noch darauf, und Widerhandlung kann einen im schlimmsten Fall in den Knast bringen. In Russland herrscht mehr Freiheit: Manche Fluggesellschaften gestatten es sogar, nach dem Start bis zur Landung zu telefonieren.

Mein Freund Igor kann gar nicht verstehen, wenn ich in solchen Fällen manchmal etwas besorgt dreinsehe. »In diesem Flugzeug ist ohnehin keine moderne Technik, da kann so ein Handy gar nichts kaputtmachen«, kommentierte er unlängst mein besorgtes Stirnrunzeln in einer Antonow-24, im Volksmund auch als »Wolken-Traktor« bekannt. Auch in größeren Flugzeugen hat Igor immer eine Binsenweisheit zur Beruhigung parat: »Wenn dieser Vogel vierzig Jahre lang nicht abgestürzt ist, wird er es auch diesmal schaffen.« Trotz solch ermutigender Lebensweisheiten von Igor ist mir heute mit meiner Sitznachbarin wirklich nicht ganz geheuer – immerhin fliegen wir nicht in einer Tupoljew oder Iljuschin, sondern in einer Boeing. Der Pilot hat das Telefonieren vor dem Start ausdrücklich verboten. So atme ich erleichtert auf, als sich die energische Dame nach dem fünften bei der Stewardess georderten Bier mit ihrem Gesprächspartner wieder versöhnt hat und ihr Handy zuklappt.

Außer mir scheint sich jedoch niemand die geringsten Sorgen gemacht zu haben. »Ja, ja! Die berüchtigte deutsche Technik-Feindlichkeit«, kommentiert Igor meine Bedenken mit einem gutmütigen Lächeln. Sicherlich hat er nicht ganz unrecht. Aber wenn im Bolschoi-Theater sofort nach den unsterblichen Anfangstakten von Tschaikowskis »Schwanensee« zwei Plätze weiter ein Handy plötzlich mit Lambada-Klingelton seine segensreiche Wirkung zu entfalten beginnt und der Eigentümer dann auch noch lautstark das Gespräch annimmt, würde ich mir zuweilen auch in Russland etwas mehr Technik-Feindlichkeit wünschen.

Ikea contra Lenin

Ausgerechnet die schwedische Möbelkette Ikea hat Marik Asyrbekow den Glauben an den Sozialismus geraubt. Schwer schnaufend misst der Schreiner mit der Statur eines Wandschranks und den Händen eines Juweliers die Entfernung zwischen Arbeitsplatte und Küchenwand in meiner neuen Wohnung. »Den Kommunismus wollten sie errichten, Lenin und die anderen Verrückten«, schnaubt er: »Dabei waren sie nicht mal in der Lage, auch nur eine einzige Wand richtig zu bauen.« Verzweifelt guckt er mich an: »In Ihrer Küche gibt es keinen Winkel, der gerade ist. Wie soll ich da die neuen Schränke einbauen?«

Wenn schwedische Geradlinigkeit in Form einer Ikea-Einbauküche auf russische Krümmungen prallt, helfen nur Schweiß, Geduld und eine gute Stichsäge. Plötzlich erscheinen mir Hammer und Sichel in ganz neuem Licht: Wurden sie am Ende nur deshalb zu allgegenwärtigen Symbolen der Sowjetmacht, weil nichts funktionierte und immer noch irgendetwas zurechtgehämmert oder nachgeschnitten werden musste?

Meister Marik sägt mühsam ein kleines Loch in die Arbeitsplatte, wie es in der Schritt-für-Schritt-Anleitung vorgesehen ist. Und da ist schon wieder so ein Detail, das ihn um die Mittagspause bringt: Die Gasleitungen werden in Russland über Putz verlegt: ein Umstand, den die schwedischen Küchen-Designer nicht berücksichtigt haben – weshalb ich nun ein Loch zu viel in meiner Arbeitsplatte habe.

Seit Eröffnung der ersten Ikea-Filiale im Hauptstadt-Vorort Chimki sind schwedische Pax-Schränke und Ivar-Regale aus Moskaus Wohnungen ebenso wenig wegzudenken wie die Gläser mit eingelegten Gurken auf den Balkons. Doch das Firmen-Motto »Schwedische Lebensart auf Russisch« haben manche Verkäufer offenbar mit Betonung auf der zweiten Hälfte dieses Slogans verinnerlicht, und so bedienen sie ihre Kunden nach wie vor traditionell schulmeisterhaft und säuerlich.

Von bester UdSSR-Tradition zeugt auch die Organisation der Warteschlangen am Bestell-Tresen: Wer sich seine Möbel liefern lassen will, muss gleich dreimal hintereinander anstehen: zuerst an der Kasse, dann bei der Warenausgabe und schließlich, nach Aushändigung der ganzen Pracht, zum Abgeben derselben beim Lieferservice – der formell eine eigenständige Firma ist und deshalb noch mal von neuem kontrolliert, ob alles vollständig und unbeschädigt ist. Eine Prozedur, die nach ausgiebigem Shopping bei hundert Kleinteilen ans Nervenkostüm und an die Zeit geht. Als ich den schwedischen Manager darauf anspreche, lacht der nur: »Ja, ich weiß. Aber wir sind eben in Russland, was wollen Sie?«

Schreiner Marik ist nach vollen zehn Stunden beim Kühlschrank angelangt und wischt sich mit einem Putzlumpen den Schweiß von der Stirn. Der 47-jährige Moskowiter ist eigentlich eher geistige Arbeit als schwere Maloche gewohnt: Er war Lehrer an einer Berufsschule. Doch er hat seine Lehrtätigkeit hingeschmissen, weil er von den 200 Euro Gehalt nicht leben konnte. Die Liebe zum Intellektuellen ist geblieben. Während seine Hände die Küchenzeile in ein maßgeschnittenes Kunstwerk verwandeln, fehlt nie eine geistreicher Kommentar oder ein Literaturzitat: »Alles ist relativ, hat Einstein festgestellt. Hätte er je in Russland eine Küche eingebaut, hätte der Leitsatz seines Lebens anders geklungen – alles ist schief.« Bei Arbeiten an der Wand müsse er in meiner Ausländer-Wohnung besonders aufpassen, meint Marik mit einem breiten Lächeln: »Nicht dass ich noch auf eine Abhörwanze bohre. Kennen Sie den Roman ›1984‹ von George Orwell? Bei uns wurde dieser Überwachungsstaat Wirklichkeit.« Sollte die neue Wohnung tatsächlich mit Wanzen gespickt sein, bleibt nur ein Trost: Die Chance wäre hoch, dass die Überwachungstechnik genauso schlampig eingebaut wurde wie die Leitungen und Rohre. Und dann hätten die Lauscher keine rechte Freude an mir. Etwa weil die Wanzen an der falschen Stelle installiert sind, wie die zahlreichen Steckdosen, die schon mal unter der Decke hängen. Oder weil sie streiken wie die Klingel und der Wasserhahn im Bad. Oder weil sie nicht richtig eingebaut sind wie die Türen, die entweder am Boden kratzen oder so hoch hängen, dass eine Maus erhobenen Hauptes darunter durchlaufen könnte. Und die sich nicht ohne Einsatz von roher Muskelkraft öffnen lassen, wie meine Eingangstür. Oder wie das Waschbecken, das so dicht in Badewannen-Nähe montiert ist, dass man es eigentlich nur in derselben stehend nutzen kann, wenn man keinen Bandscheibenschaden riskieren möchte.

Nach der verpfuschten Renovierung war ich beim Umzug auf das Schlimmste gefasst. Doch dann kam die Rettung: in Gestalt von Gorbatschow. Der Mann, der verantwortlich ist für die Perestroika – die »Umgestaltung«. Auch meine ganz persönliche Perestroika – den Umzug – befehligte ein gewisser Gorbatschow. Allerdings nicht Michail, sondern Alexander, ein Russland-Deutscher, der im Westerwald gestrandet ist, und der gute Engel der Moskauer Filiale meiner deutschen Umzugsfirma, die ihn regelmäßig in die alte Heimat auf Montage schickt.

Alexander Gorbatschow, ein stets breit vor sich hin grinsendes Organisationsgenie, ist ein wahrer Sonnenstrahl in der Finsternis des Umzugschaos – und Ausputzer bei all den Fehlkonstruktionen und Schlampereien, die mich in den Wahnsinn treiben. Hätte Gorbatschows prominenter Namensvetter Michail ein so glückliches Händchen gehabt wie mein guter Geist Gorbi – in Russland würden trotz des schweren Sowjeterbes heute sicher schon Zustände herrschen wie in der Schweiz.

Duschkränzchen bei Freunden

Die Vorfreude auf den Frühling war dieses Jahr kurz. Sie dauerte nur ein paar Tage. Denn kaum waren die meterhohen Schneehaufen Anfang April geschmolzen, entdeckte ich einen kleinen, unscheinbaren Zettel neben dem gefürchteten Lift in meinem Treppenhaus, der in letzter Zeit immer stärker grunzt: »Für die alljährlichen Wartungsarbeiten wird das warme Wasser vom 12. Mai bis zum 1. Juni abgestellt.«

Die schönste Zeit des Jahres geht ja gut an, war mein erster Gedanke. Jetzt sitze ich bald nicht mehr in der Patsche (sprich: in den Schmelzwasser-Pfützen), sondern gleich ganz auf dem Trockenen. Verstimmt malte ich mir aus, wie ich morgens schlecht gewaschen und nur oberflächlich desodoriert aus dem Haus eile. Und wie meine Mitfahrer in den überfüllen Metro-Waggons über den streng müffelnden Aussätzigen die Nase rümpfen werden.

Dies war einer der raren Momente, in denen ich es fast bereute, in einem extra für Ausländer reservierten Hausaufgang zu wohnen: Ein Treppenhaus weiter, wo Iwan Normalverbraucher lebt, käme niemand auf die Idee, vorher anzukündigen, wann das Wasser abgestellt wird. Wozu auch, wehren können sich die Leute ja doch nicht. Und wer nicht vorgewarnt ist, macht sich vorab auch keine Sorgen.

Die alljährliche Trockenperiode im Sommer ist dem sowjetischen Zentralisierungswahn zu verdanken: Das warme Wasser und die Heizung kommen in fast allen großen Städten aus Fernwärme-Kraftwerken, die ganze Straßenzüge versorgen. Ein Großteil der Technik ist hoffnungslos veraltet und alles andere als wartungsfrei, deshalb müssen jeden Sommer die Reparatur-Trupps anrücken. Um ungestört zu arbeiten, drehen die Männer von den »kommunalen Diensten« für drei Wochen den Hahn ab – je nach Stadtteil im Mai, Juni, Juli oder August.

Nichts bringt die Russen einander näher als die alljährliche Zwangsduschpause: Die regelmäßig Trockengelegten fahren zum Waschen durch die ganze Stadt zu Verwandten, Bekannten und Freunden, bei denen das heiße Wasser in einem anderen Monat abgeschaltet wird. Zigtausende russischer Männer verfluchen die Fernheizung, wenn morgens die Schwiegermutter zum Duschen kommt und nebenbei erklärt, warum die Kinder falsch erzogen sind. Oder wenn die Nasszelle abends von den Freundinnen der Frau besetzt ist und die Göttergattin vor lauter Tratsch das Kochen vergisst.

Doch was tun, wenn man die Duschkränzchen bei Freunden satt hat und wegen der anstrengenden Anfahrtswege hinterher genauso verschwitzt ist wie vorher? Dann gibt es auch die Do-it-yourself-Variante: Unerschrockene versuchen ihr heimisches Badeglück mit selbst gebauten Plastik-Durchlauferhitzern von der Größe einer Banane, die sie über den Wasserhahn im Bad stülpen – und bei deren bloßem Anblick jeden TÜV-Prüfer in Deutschland wohl der Schlag treffen würde.

Manche machen's wie zu Omas Zeiten: Sie bringen auf dem Gasherd ein, zwei Töpfe Wasser zum Kochen, tragen sie dann zur Badewanne, stellen einen Eimer mit kaltem Wasser daneben, mixen sich anschließend mit der Schöpfkelle Schwung für Schwung die richtige Mischung zusammen und gießen sie sich über den Kopf.

Das ist die Abenteuerversion des Duschens, Russki extrem im Bad. In den Moskauer Kliniken, die für die Erstversorgung von Verbrühungen und Verbrennungen zuständig sind, herrscht in diesen Monaten Hochsaison. Einen hartgesottenen russischen Mann kann das aber nicht abschrecken. Als Weichei gilt denn auch, wer sich für die Sommerdürre einen Heißwasser-Boiler in seine Wohnung einbauen lässt. Da so ein Gerät in der Regel weit mehr kostet als ein Durchschnittslohn, ist die Zahl solcher Warmduscher sehr begrenzt. Abgehärtet zu sein empfiehlt sich ohnehin: Wenn sich viele Russen in aller Frühe in der U-Bahn zitternd an ihren Nachbarn schmiegen, muss dies nicht nur an der chronischen Überfüllung der Züge liegen – die Ärmsten sind möglicherweise schlicht nach einer eisigen Nacht halb erfroren. Denn auch die Heizung wird zentral abgeschaltet – und das oft schon im April.

Da weite Teile Russlands bekanntlich nördlicher liegen als Rimini, ist man auch im Mai vor Kälte und Schneefall nicht sicher. Und wenn bei Nachtfrost die Heizungsrohre in der Wohnung eiskalt bleiben, muss man sich vorm Zubettgehen warm anziehen wie zu einem Schneespaziergang. Mancher verfrorene Moskowiter lässt in seiner Verzweiflung den Gas-Backofen in der Küche bei offener Tür auf Hochtouren laufen. Dass die Verbrennungsgase die Luft verpesten, wird nicht unter der Rubrik »Klimasünde«, sondern eher unter »Abhärtung« verbucht. Wenn man den ganzen Tag die Abluft des eigenen Gasherds einatmet, sticht einem wenigstens der Moskauer Dauer-Smog nicht mehr ganz so schlimm in die Nase.

Doch nicht nur Kälte, auch zu große Hitze im Winter ist ein Problem, und zwar in den Wohnungen. Die

Konstrukteure des vormals sowjetischen Heizsystems haben nämlich darauf verzichtet, Ventile, Thermostate oder andere Möglichkeiten der Regulierung in den Wohnungen einzubauen: Einzig und allein der Regler im Heizwerk entscheidet, wie warm es in Tausenden von Wohnungen in seinem Revier wird.

Russland sitzt ja auf immensen Ölvorräten – und deshalb scheinen es die Heizer besonders gut zu meinen und befeuern ihre Kessel nach Herzenslust. So kommen jedes Jahr Millionen Russen bei tiefstem Frost in der eigenen Wohnung ins Schwitzen – und haben nur einen Ausweg: das Fenster sperrangelweit zu öffnen. Russland kann sich rühmen, der einzige Fleck auf der Erde zu sein, wo Menschen sich nicht um ihre Energiekosten sorgen müssen und deshalb bei minus dreißig Grad bei offenem Fenster schlafen. Manche einfallsreichen Russen sorgen auf eine Art und Weise für die richtige Temperatur-Balance, die jedem Umweltschützer den Schweiß auf die Stirn treiben würde: Ich kenne einen Medizin-Professor aus dem zentralrussischen Ufa, der in seinem Arbeitszimmer die Heizung und das kühlende Klimagerät gleichzeitig gegeneinander ankämpfen lässt. Wundern konnte ihn nur, dass ich mich wunderte: »Wieso Umweltschutz? Gas und Öl haben wir doch genug im Land!«

Ärmere Gegenden der ehemaligen Sowjetunion haben ganz andere Sorgen: In Georgien bleibt die Zentralheizung seit mehr als einem Jahrzehnt kalt – weil das Land nicht genügend Geld hat, um die großen Fernwärme-Kraftwerke im eigenen Land anzuschalten –, weshalb die Heizkörper in allen Wohnungen zur nutzlosen Dekoration verkommen sind.

Eine deutsche Firma für Heizungstechnik witterte

in den neunziger Jahren in Russland einen großen Markt. Sie wollten die Wohnungen in Moskau mit Thermostaten ausstatten. Statt bei Frost das Fenster zu öffnen, könnte man einfach den Regler runterdrehen und auch sonst wäre es endlich vorbei mit der vorgegebenen Einheitstemperatur in russischen Wohnstuben. Außerdem müssten nicht mehr alle leerstehenden Wohnungen sinnlos beheizt werden. Die Energie-Einsparung würde innerhalb kürzester Zeit die Ausgaben für die Thermostate wettmachen, berechneten die Deutschen. Jahrelang verhandelten sie in überhitzten Amtsstuben und übertecuerten Restaurants mit den zuständigen russischen Beamten, machten eine Berechnung nach der anderen und erstellten so viele Präsentationsunterlagen, dass allein deren Verbrennen einen erheblichen Heizwert erbracht hätte.

Alles umsonst. Die Idee scheiterte am Amtsschimmel – unter anderem hatten die Deutschen nicht genug Bakschisch einkalkuliert. »Umweltschutz« und »Energiesparen« sind immer noch Fremdworte in Russland – zumindest, solange sie sich nicht in barer Münze auszahlen. Sogar die Lichter in den Treppenhäusern brennen rund um die Uhr – wenn nicht jemand die Glühlampe herausgeschraubt und mit in seine Wohnung genommen hat. Berichte über das disziplinierte Mülltrennen in Deutschland rufen bei Russen nur ein ungläubig-verwirrtes Lächeln hervor. Mehrweg-Packungen gibt es kaum noch – sie gelten als Unsitte aus kommunistischen Zeiten. Auch die Altpapier-Sammlung, unter Sowjet-Herrschaft noch obligatorisch, ist längst Geschichte. Im ganzen Land wuchern wilde Müllkippen, selbst mancher Moskauer Park gleicht zuweilen eher einem Abfalllager.

Auch bei der Rohstoffförderung geht es alles andere als umweltbewusst zu. Jedes Jahr laufen 28 Millionen Tonnen Öl in die Natur aus – fast sechs Prozent der gesamten russischen Fördermenge. Allein im westlichen Sibirien bei Nischnewartowsk fackeln russische Konzerne pro Jahr 15 Milliarden Kubikmeter Gas, das nicht rein genug ist für die Verwendung als Erdgas, einfach ab wie Abfall, weil die Technik und der Wille fehlen, es zur Energiegewinnung zu nutzen. Knapp ein Siebtel des Gasbedarfs Deutschlands wird so jährlich in die Luft geblasen. Aus dem All betrachtet, lassen die Flammen die Region nächtens zum hellsten Flecken auf der Erde werden, strahlender als Metropolen wie New York oder Moskau. Tagsüber dagegen verdunkelt der Rauch, der von den Gasfeldern aufsteigt, den Himmel.

Und auch am Boden, auf den Straßen, gilt die Maxime: »Wer hat, der hat.« Sprit sparende Kleinwagen gelten als Verlierer-Autos, wer etwas auf sich hält, fährt Limousinen oder amerikanische Geländewagen, das ist ohnehin viel männlicher. Die Autos lässt man im Winter nach alter Tradition minutenlang warmlaufen. Wer auf Nummer sicher gehen will, schaltet bei strengem Frost den Motor die ganze Nacht über nicht aus. Als ich nach dem Ölwechsel in einer Autowerkstatt reichlich naiv fragte, wo ich die fünf Liter Altöl entsorgen könnte, schauten mich die Automechaniker entgeistert an: »Wir haben einen kleinen See um die Ecke. Da können Sie das reinkippen!«

Du Zar – ich Sklave

Stellen Sie sich vor: Angela Merkel tritt vor ihr Kabinett und nimmt ihren Finanzminister in die Mangel. »Hey, du, Steinbrück, steh auf und komm her!« Undenkbar. In Deutschland zumindest. In Russland darf ein Regierungschef ein Mitglied seines Kabinetts schon mal spontan duzen – vor allem, wenn er ihm eine Abreibung erteilen will. So geschehen im Oktober 2007 zwischen dem damaligen Premier Viktor Subkow und dem Chef der Antimonopolbehörde, der nie mit ihm Bruderschaft getrunken hatte.

So wie dem Behördenchef im Ministerrang ergeht es Millionen Russen – und vielen Ausländern. Ein vertrautes »Du« ist in Russland allgegenwärtig – auch da, wo man es sich nicht unbedingt wünscht. Etwa, wenn einen ein Verkehrspolizist anhält: »Zeig mir mal deinen Führerschein!« Oder wenn in der Metro der Nachbar an einem vorbei will: »Lass mich mal durch.« Gerade mir passiert so etwas ständig. Was habe ich nicht alles versucht! Mit Krawatten habe ich es probiert und mit einem Dreitagebart, selbst mit etwas altbackenen Sakkos – nichts hilft! Die Taxifahrer duzen mich ebenso hartnäckig wie die Damen am Aeroflot-Schalter.

Ausländer sollten sich vor allzu schnellen Rückschlüssen hüten – und vor allem vor voreiligem Zurück-Duzen. Denn während etwa in Schweden jeder jeden vertraulich mit »Du« anreden darf, ist in Russland Vorsicht angesagt bei der Wahl der Anrede. So schnell man selbst von einem Gegenüber geduzt wird – es ist nicht unbedingt statthaft, einfach zurückzuduzen. So hat man etwa in Russland seine Schwiegereltern höflich mit »Sie« anzureden, und zwar lebenslänglich – während die den Partner ihres Kindes meistens ganz selbstverständlich duzen. Und wehe, man verstößt gegen diese Regeln! Hochrangige Beamte und Politiker reden mich immer wieder mal vertraut mit »du« an – wären aber in ihrer Ehre verletzt, würde man es wagen, sie nicht weiter mit »Sie« anzusprechen.

Die Regeln, wer wen mit Du und mit Sie anredet, sind in Russland so kompliziert, dass fast jeder seine eigene Gewohnheiten pflegt. Das ergab zumindest eine Umfrage des politischen Wochenmagazins »Wlast« unter Prominenten. Der liberale Politiker Boris Nadeschdin etwa duzt prinzipiell alle männlichen Untergebenen – die natürlich zurücksiezen müssen; Frauen hingegen siezt der Demokrat. Der Producer Iosif Prigoschin duzt nur Untergebene, die jünger sind als er – während er ältere, unabhängig vom Rang, prinzipiell siezt. »Dauer-Siezer« wie die Sängerin Sweta Swetikowa sind in der Minderheit gegenüber »Dauer-Duzern« wie dem Schlagerstar Sergej Penkin, der ohne Rücksicht auf Verluste und Situation jedermann in der zweiten Person Einzahl anredet.

Mein Fotograf Igor duzte mich gleich beim ersten Kennenlernen 1999 – und er schien überrascht, dass ich ihn einfach frei von der Leber weg zurückduzte, trotz der fast zwanzig Jahre Altersunterschied. Inzwischen bin ich nicht mehr ganz so westlich borniert; ich habe mich den Landessitten etwas angepasst, zumindest so weit, dass ich nie zurückduze. Um jedes Risiko für mein Ansehen und meine Gesundheit zu vermeiden, gehe ich – doch noch ganz Westler – auf Nummer sicher: Ich rede alle, die ihrem Äußeren nach mindestens in die 4. Grundschulklasse gehen, mit »Sie« an – auch wenn sich jüngere Frauen darüber zuweilen wundern.

Sprachwissenschaftler erklären die fast schon babylonische Sprachverwirrung mit der schwierigen Geschichte des »Sie« in Russland. Bis ins 18. Jahrhundert wurden selbst die Zaren von jedermann geduzt. Peter der Große führte dann nach dem Beispiel Frankreichs als Höflichkeitsform die Anrede in der zweiten Person Mehrzahl ein – und fortan war es um die Einheitlichkeit geschehen. In Briefen aus jener Zeit wechseln die Autoren munter zwischen »Du« und »Sie« hin und her. In den höheren Ständen setzte sich das »Sie« schließlich so sehr durch, dass Kinder ihre Eltern siezten. Noch heute sprechen in einigen russischen Familien die Jüngeren ältere Verwandte mit »Sie« an. Die Moskauer Journalistin Lilija Palweljewa erinnert sich, wie sie einem kleinen Jungen auf die Frage, wo seine Mama sei, antwortete: »Sie ist gegangen.« Worauf der Junge ihr beleidigt entgegnete: »Meine Mama ist viel älter als Sie. Sie müssen sagen – ›Sie sind gegangen‹« – die familiäre Form des Pluralis majestatis, der Anrede des Herrschers in der Mehrzahl.

Das Durcheinander hält bis heute an. Seit der Perestroika machen westliche Unsitten wie das Anreden mit »Sie« und Vornamen der altbewährten russischen Anrede mit Namen und Vatersnamen Konkurrenz. Einige Firmen, vor allem im Bankensektor, sind ganz zum Duzen übergegangen – was wiederum in Behörden undenkbar wäre.

Manche Ausländer verheddern sich in den Fallnetzen der Spracketikette. So ließ sich mein deutscher Freund von seinem Fahrer, der deutlich älter war als er, duzen – und siezte höflich zurück. Nach einiger Zeit wunderte er sich, dass sein Fahrer immer mehr Chefallüren an den Tag legte – und sogar versuchte, in der Firma selbst den Ton anzugeben. »Wir müssen jetzt losfahren, sind Sie so weit?«, bat mein Freund höflich, und der Fahrer streckte sich gemütlich in seinem Sessel: »Nimm es nicht so genau, auf ein paar Minuten kommt es nicht an, ich rauche erst noch in Ruhe.« Das war nur der Anfang.

Da der Mann gewohnt war, dass man Mitmenschen, die man duzen darf, auch kommandieren kann, begann er nach einigen Monaten, meinem Freund Vorschriften zu machen, wie er sich bei wichtigen Geschäftsterminen verhalten soll und welche Preise er zu verlangen hat. Erst als der Fahrer dann auch vor der Kundschaft das Steuer in der Hand behalten wollte und sich bei Verhandlungen selbst mit einmischte, musste mein Freund die Notbremse ziehen und ihm kündigen – schweren Herzens, denn nicht zuletzt wegen des familiären »Du« war er ja fast schon so etwas wie ein Mitglied der Familie.

Bei mir hat sich inzwischen alles sehr gewandelt. Früher ärgerte ich mich regelmäßig, wenn mich wieder einmal ein Wildfremder duzte. Jetzt ertappe ich mich dabei, dass es mich fast ein wenig enttäuscht, wenn mich kaum noch jemand duzt und alle auf Anhieb »Sie« sagen. Muss man denn ständig daran erinnert werden, dass man unerbittlich älter wird?

Safari im wilden Osten

»Wozu nur habe ich mich auf diesen Wahnsinn eingelassen?« Ängstlich schaue ich aus dem Autofenster und werde ganz blass: Bis zum Abgrund dürften es höchstens noch ein paar Zentimeter sein. Doch unser Fahrer kennt keine Gnade. Mit hektischen Armbewegungen wechselt er ruckartig zwischen Vorwärts- und Rückwärtsgang, rudert mit dem Fuß zwischen Gas und Bremse. Mir wird schon ganz schwindelig von dem Herumgejuckel. So muss sich ein Teig vorkommen, wenn er geknetet wird.

Die Schulkinder neben mir lachen und freuen sich über das Abenteuer. Auch ihre Lehrerin kann nicht so recht verstehen, warum ich so argwöhnisch in Richtung Abgrund blicke. Wagemut gehört in Russland zum guten Ton: Schon wer im Auto einen Gurt anlegt, gilt als Feigling – und macht sich bei jedem Taxifahrer unbeliebt. Dabei bezahlen viele Russen jedes Jahr ihre mannhafte Unbekümmertheit mit dem Leben. Die Lebenserwartung russischer Männer betrug 2008 nur 60 Jahre. Dies sind etwa 14 Jahre weniger als die Lebenserwartung eines deutschen Mannes.

Ich bin mit Forschern unterwegs im ganz fernen Osten von Russland, in Jakutien, weiter im Osten als Hongkong. Weil Transportmittel rar sind in der Region, haben wir auch noch ein paar Schulkinder auf dem Weg ins Ferienlager als Anhalter mitgenommen. Wir fahren am Hochufer der Lena entlang, die so breit ist, dass sie eher an einen See als an einen Fluss erinnert.

Unser hellblauer »UAS«-Minibus muss seine besten

Zeiten schon hinter sich gehabt haben, als er vom Fließband kam. Und mindestens 350 000 Kilometer hat er auch schon auf dem Buckel. Mit seiner plumpen Schlauchform und dem schweren, groben Metall und der Tarnfarbe wirkt er wie ein Panzerwagen mit der Aerodynamik einer aufgequollenen PET-Flasche. Eigentlich wollte uns der Mann am Steuer mit seiner grünen Tätowierung am Unterarm nur Gutes – und zwar einen Fußmarsch durch die Taiga ersparen. Und so schlug er uns, mitten im Naturschutzgebiet, eine breite Schneise durch den jungen Wald – indem er die kleinen Bäume einfach umfuhr.

Dummerweise waren einige Bäume härter als unser Wagen, und so ließ sich dieser Niki Lauda auf Abwegen immer weiter zum Hochufer abdrängen. Dabei macht der Sandboden einen so brüchigen Eindruck, dass sich ein nüchterner Mensch nicht einmal zu Fuß nahe ranwagt – zumindest wenn er keinen gesteigerten Wert auf einen Sturz in dreißig Meter Tiefe legt. Wenn der Dauerfrost etwas auftaut, wie er es in diesem August tat, brausen immer wieder ein paar weitere Meter Landschaft mitsamt Bäumen und Gesträuch nach unten in den Fluss. Mir rutschte jedes Mal das Herz in die Hose, wenn wir an so einer frischen Abbruchstelle vorbeifuhren, und ich sah schon die Schlagzeilen: »15 Tote bei Sturz in die Lena«.

Dabei müsste ich mich doch nach so vielen Jahren in Russland endlich an den Russki extrem mit all seinen Auswüchsen gewöhnt haben – also auch waghalsige Fahrmanöver. Aber es gibt sie immer noch, diese schwachen Momente, in denen mein deutsches Vollkasko-Denken wieder die Oberhand über die angelernte Gelassenheit behält. Was will man erwarten von jemandem, der aus einem Land kommt, in dem selbst Fahrradfahrer Helme tragen und Fußgänger bei Rot stehenbleiben, wenn weit und breit kein Auto zu sehen ist?

Zu meiner Schande muss ich denn auch gestehen, dass es mir immer noch nicht in den Kopf will, warum etwa bei Sankt Petersburg jeden Winter Hunderte, wenn nicht Tausende Fischer trotz aller Verbote und Polizei-Razzien mitsamt Auto auf dem Eis des Ladoga-Sees zum Angeln fahren – und jedes Jahr einige von ihnen untergehen, weil die Eisdecke dünn ist oder die Schollen, auf denen sie stehen, abgetrieben werden.

Dabei ist es nicht nur solcher Leichtsinn, sorry, ich meine, solche Unbesorgtheit und Natürlichkeit, die vielen einen frühen Lebensabend bringt. Wissenschaftler verweisen gerne auf die in Russland besonders stark entwickelte Liebe zu Tabak und Alkohol als negativen Faktor für die Sterbestatistik – was andere unter Hinweis auf weinselige Franzosen und Glimmstängel-verliebte Deutsche als Fehlschluss abtun. Starke Umweltverschmutzung in den Städten, wo Fabrikschlote und Autos die Luft verpesten, sind ebenso als Risikofaktoren ausgemacht wie mangelnde Sicherheit im Straßenverkehr, von schlecht gesicherten Baustellen bis hin zu russischen Autos, bei denen die Knautschzone zuweilen beim Fahrerbein beginnt. Aber diese Aufzählung ist ein Rückfall in deutsche Pedanterie, ich versündige mich am Russki extrem.

Und tatsächlich: Ganz erklären können all diese Fakten die kurze Lebenszeit der Russen ohnehin nicht. Das Phänomen ist umso rätselhafter, als es vor allem die Herren der Schöpfung betrifft: Der rund 60 Jahre alte Durchschnittsmann legt sich dreizehn Jahre vor seinem weiblichen Gegenstück zur ewigen Ruhe – ein in dieser Größenordnung weltweit einmaliges Phänomen. Eine nicht unumstrittene Erklärung haben die strohtrockenen Bürokraten von der die Weltbank parat: Sie sprechen in einem offiziellen Bericht von »psychologischem Suizid« der russischen Männer: Einem »Lebensstil, der im Endeffekt unwiderruflich zum Verlust der Gesundheit und vorzeitigem Tod führt.«

Also doch Wodka und sonstiger Alkohol als Katalysatoren des unbewussten Todestriebes? Eine Begründung, die zu oberflächlich ist. »Der russische Mann ist der Haupt-Leidtragende der ganzen Umbrüche in unserer Gesellschaft«, glaubt mein Freund Igor: »Die stärkere Hälfte gilt bei uns traditionell als Ernährer der Familie – und während sie zu Sowjet-Zeiten wenigstens diese Illusion pflegen konnten und sich vom Staat gehegt fühlten, scheitern heute viele an diesem Anspruch und finden keinen Platz mehr im neuen Leben.« Sosehr der russische Mann dazu neige, nach außen hin all seine Misserfolge auf andere zu wälzen – in seinem Inneren fühle er sich selbst zu nichts zu gebrauchen. Tatsächlich war die Lebenserwartung der Männer in den 1980er Jahren, als die Sowjet-Welt noch in Ordnung war, um rund sechs Jahre höher.

Doch im Moment denke ich nur an meine ganz persönliche Lebenserwartung. Die könnte jeden Moment an ihrem Zielpunkt angekommen sein. Doch da, plötzlich, setzt unser Fahrer sein Gefährt zwischen zwei Bäumen fest. Wir stecken fest. Hastig greife ich zur Tür – nichts wie raus hier, ich brauche dringend festen Boden unter meinen Füßen. Geschafft! Der Fahrer schüttelt den Kopf. Hasenfüße, diese Deutschen.

Wie duze ich meinen Nächsten?

Mangel muss nicht immer etwas Schlechtes sein. Ausgerechnet der Knappheit ist es zu verdanken, wenn man in Russland manchmal auch in reiferen Jahren noch sehr schmeichelhaft angesprochen wird – als »junger Mann«. Etwa vom Wachmann im Supermarkt, der einen Blick in die mitgebrachte Einkaufstasche werfen will. Oder von der Nachbarin in der überfüllten Metro, die einen dezent darauf aufmerksam macht, dass sie an der nächsten Station den mutigen Versuch wagen wird auszusteigen und sich dazu im Getümmel an einem strategisch günstigen Platz nahe der Tür positionieren will.

In solchen Situationen liegt es dem Ansprechpartner nicht daran, sein Gegenüber mit den Worten »junger Mann« als besonders jugendlich zu schmeicheln. Und auch Frauen, die als »Dewuschka«, also Fräulein, angesprochen werden, sollten nicht unbedingt den Schluss ziehen, man halte sie für unverheiratet. Dass die Russen bei der Anrede so großzügig sind in der Alters-Einschätzung, liegt schlicht daran, dass sie für reifere Jahrgänge keine passende Anredeform haben. Nicht mehr, wie man der Genauigkeit halber hinzufügen müsste.

Denn vor der Revolution hatte Russland eine Fülle von Anreden, die der von Dienstgraden in der heutigen Armee kaum nachstand und fast schon österreichische Ausmaße hatte: vom ordinären »Herr« über den »Gnädigen Herren« bis hin zur »Gefälligsten Herrschaft« und »Euer Hochwohlgeboren«. »Man muss sagen, wenn man es bei uns in Russland noch nicht geschafft hat, in einigen Dingen die Ausländer einzuholen, so haben wir sie weit überholt in der Kunst des Anredens«, schrieb schon Anfang des 19. Jahrhunderts der große Satiriker Nikolaj Gogol.

Mit den Kommunisten wurde dann alles anders. Sie suchten sich ein Wort als Anrede aus, das ausgerechnet aus dem Vokabular der Händler stammte, mit dem diese nicht sonderlich ehrfurchtsvoll Minderjährige, Helfer und Mitarbeiter ansprachen: »Towarischtsch«, auf Deutsch: Genosse. Vor der Revolution konnte es auch so eingesetzt werden wie das deutsche »Freundchen«. Damit war dann rasch Schluss. Genosse wurde zum Prädikat – und wehe dem, dem diese Anrede verweigert wurde. Denn nur diejenigen, mit denen man sich nicht gerne als Genosse in eine Reihe stellte, also unzuverlässige Elemente bis hin zu Alkoholikern und Kriminellen, redete man fortan mit »Bürger« an – mit verächtlichem Unterton.

Die Anrede »Genosse« sei nicht nur ein Schritt zur klassenlosen Gesellschaft, sondern auch ein erster Meilenstein zur Emanzipation gewesen, behaupten heute russische Sprachwissenschaftler. Das russische Wort »Towarischtsch« kennt nämlich keine Unterscheidung zwischen weiblicher und männlicher Form und ist damit politisch korrekt – zumindest in Sachen Gleichberechtigung, denn dass es weltanschaulich neutral ist, würde wohl niemand behaupten. Und genau deshalb geriet der »Genosse« nach Glasnost und Perestroika aus der Mode.

Auch wenn Dmitrij Medwedew bei seiner Amtseinführung seine Kremlwache mit »Genossen« anredete und Wladimir Putin sich schon mal als »Genosse Präsident« bezeichnen ließ, sei dem normalen Moskau-

Besucher nicht dazu geraten, sich mit diesem Wort an den Nachbarn in der Metro oder im Supermarkt zu wenden. Welche Anrede dann zu empfehlen ist, werden Sie nun fragen. Und legen damit den Finger in die Wunde. So altmodisch der »Genosse« inzwischen ist – so sehr fehlt es an einer zeitgemäßen Anrede. »Herr« oder »Frau« sind zwar im Schrift-Russisch wieder gebräuchlich – mündlich klingen diese Worte dagegen gestelzt.

Alle möglichen Ersatz-Wörter sind heute im Umlauf – doch keines machte das Rennen. »Junge« ist zu sehr auf eine Altersgruppe begrenzt, »Kerl« zu grob, »Landsmann« und »Mannsbild« klingen zu altertümlich. Auch Kompromisse oder zusammengewürfelte Begriffe wie »Herr Genosse« oder »Genosse Bürger« konnten sich nicht durchsetzen. Alte Mischformen sind passé: Klang »Towarischtsch Putzfrau« für russische Ohren noch passabel, wäre »Frau Putzfrau« eher eine Verhöhnung.

Teilweise nimmt die Suche nach Alternativen komische Formen an: Ex-Präsident Boris Jelzin verplapperte sich und begrüßte seine lieben »Russlandser«, Wladimir Putin wandte sich ans Volk mit dem Wort »Kollegen«, was ihm die – nur heimlich geäußerte – Frage einbrachte, ob er alle Landsleute für Präsidenten halte oder sich selbst für einen ganz gewöhnlichen Russen.

»Wir haben aufgehört, Genossen zu sein, aber sind noch keine Herren geworden«, beklagt der Moskauer Linguistikprofessor Maxim Krongaus. In ihrer Not weichen viele Russen inzwischen darauf aus, überhaupt keine Anrede mehr voranzustellen: »Könnten Sie …« oder »Seien Sie so lieb«. Das klingt Ihnen vertraut, werden Sie nun sagen? Kein Wunder. Denn wir Deutschen haben das gleiche Problem wie die Russen. Etwas Gleichwertiges zu »Madam«, »Monsieur« oder »Señor« unserer mediterranen Nachbarn haben auch wir nicht zu bieten. Spätestens seit das »Fräulein« der politischen Korrektheit zum Opfer fiel, sind wir in der Anrede manchmal fast so wortlos wie die Russen. Während die mit einer Revolution und siebzig Jahren Kommunismus eine plausible Ausrede für ihre Sprachlosigkeit haben, liegt die bei uns Deutschen wohl eher an Bequemlichkeit oder gar mangelnder Kinderstube.

Wenn der Sonntag ein Freitag ist

Für einen strenggläubigen Katholiken wäre es der GAU: der Sonntag als ganz normaler Arbeitstag. Wo doch der Allmächtige vorschreibt, am siebten Tag der Schöpfung zu ruhen. Obwohl dieses Gebot auch im orthodoxen Glauben gilt, leisteten am 4. Mai 2008 Millionen von Russen dem göttlichen Willen ausnahmsweise keine Folge – streng auf Anordnung von ganz oben, zumindest von der höchsten weltlichen Macht. Statt auf ihren Datschas oder zu Hause im Kreis der Familie verbrachten sie den geheiligten Tag im Büro, am Fließband oder am Steuer.

Nicht dass Wladimir Putin wenige Tage vor dem Ende seiner Präsidentschaft noch einmal Sonderschichten fahren ließ und die Sieben-Tage-Woche einführte: Der sonntägliche Arbeitseinsatz ist die Folge einer Feiertags-Rochade, wie sie nach alter sowjetischer Tradition inzwischen wieder Brauch ist.

Der sonntägliche 4. Mai wurde per Ukas aus dem Weißen Haus, dem Regierungssitz am Ufer der Moskwa, zwei Tage vorverlegt, also zum Freitag, dem 2. Mai erklärt – und damit zum Arbeitstag. Wozu das gut sein soll? Ganz einfach: Das Wechselspiel bescherte den Russen drei freie Tage am Stück. Der 1. Mai – ein Donnerstag – ist nämlich auch in Russland der »Tag der Arbeit« und somit ein nationaler Feiertag. Für ein verlängertes Wochenende hätten die Russen nun den Freitag als »Brückentag« nehmen und damit einen Tag ihres kostbaren Urlaubs opfern müssen. Durch die Vorverlegung des Sonntags auf den Freitag blieb die Arbeit also von Donnerstag bis Samstag liegen, ganz ohne Belastung des Urlaubskontos. Und diese Feiertags-Rochade war kein einmaliges Manöver, sondern ist russlandweit Standard-Übung bei »Brückentagen«.

Auch wenn gesetzliche Feiertage auf einen Samstag oder Sonntag fallen, hat der russische Gesetzgeber ein Einsehen und verschiebt diese Tage dann auf einen Werktag. Der Tag der deutschen Einheit, der 2009 in Deutschland auf einen Samstag fällt, würde also in Russland einfach auf Montag, den 5. Oktober verlegt. In Deutschland heißt es, »man soll die Feste feiern, wie sie fallen«. Würde jemand ernsthaft eine Lösung wie in Russland vorschlagen, bekäme er es mit der geballten Macht der deutschen Wirtschaft zu tun. Die würde sofort lautstark über die entgangene Produktivität klagen – und garantiert fordern, den Jahresurlaub zum Ausgleich von 30 auf 25 Tage zu kürzen.

Die Tradition der Feiertagsverschiebung in Russland geht auf Lenin zurück, glauben die Historiker. Der Revolutionär habe damit die Oberherrschaft der Partei über den Kalender und religiöse Traditionen demonstrieren wollen. Die Bolschewiken hatten einst sogar überlegt, die »Sechs-Tages-Einheit« anstelle der Sieben-Tage-Woche zu setzen.

Konnte man sich unter Jelzin wieder zunehmend auf den Kalender verlassen, so führte Putin die sowjetische Feiertagsarithmetik wieder ein – zur Freude der meisten Russen. Kein Wunder: Da etwa der Weltfrauentag am 8. März 2009 auf einen Sonntag fiel, erklärte die Regierung zum Ausgleich kurzum den darauffolgenden Montag zum arbeitsfreien Tag: Von so viel Kulanz können die Werktätigen in Deutschland nur träumen. Angela Merkel sollte sich aller wirtschaftlichen Bedenken zum Trotz vielleicht doch einmal Gedanken machen, ob sie hier nicht von Putin lernen und ihre Beliebtheit durch Feiertagsgeschenke erhöhen könnte.

Abgeordnete der Duma haben sogar erwogen, einen Teil der Neujahrsfeiertage auf Anfang Mai zu verlegen – weil die Bevölkerung im Frühling die Freizeit besser nutzen könnte, etwa um ihre Datscha aus dem Winterschlaf zu holen und die Saat auf den Beeten auszustreuen. Fehlt nur noch, dass Weihnachten in den Hochsommer verlegt wird, weil Väterchen Frost dann weniger Verkehrsprobleme mit überfrierender Nässe und Schneegestöbern hätte.

So weit wird es kaum kommen. Doch für Verwirrung sorgt die Feiertagverschieberei allemal. Was auch seine guten Seiten hat. So mancher Russe bleibt einfach auch an den »verschobenen« Tagen zu Hause – die Ausrede, man habe von der Umstellung leider nichts erfahren, ist schwer zu widerlegen.

Dampf und Dollars

Regelmäßige Hintergrundgespräche und ausgiebige Mittagessen mit Politikern? Wöchentliche Interviews mit Marketing-Fachleuten? Brüten über den neuesten Umfragen? Oder sogar diskretes Durchwühlen der Abfalleimer von Ministerien? Alles, was an Geheimtipps für Informationsbeschaffung unter Journalisten gehandelt wird, ist eher lauwarm – im Vergleich zu meiner Sauna in der Moskauer Konnij-Gasse. Mit ihren 115 Grad mag sie westlichen Besuchern eher als Hochleistungsgrill denn als gewöhnlicher Schwitzraum erscheinen. Doch wer die Hitze auf sich nimmt, wird dafür oft mit heißen Informationen entschädigt.

Die Recherche im Hochtemperaturbereich stellt nicht nur höchste Anforderungen an den Körper – auch mentale Klippen sind zu umschiffen. Alte Gewohnheiten aus Deutschland könnten einem in der russischen Sauna zum Verhängnis werden und im schlimmsten Fall Ärger mit der Sittenpolizei einbringen: Denn während Saunas zwischen Flensburg und Berchtesgaden textilfreie Zonen sind, legt Mann und vor allem Frau in Russland viel Wert darauf, dass die körperliche Blöße an den entscheidenden Stellen züchtig verhüllt bleibt. Nur wo die Geschlechter in separaten Räumen schwitzen, ist Nacktheit statthaft.

Doch so verhüllt sich die Russen in der Sauna äußerlich geben – so tiefe Einblicke gestatten sie in ihr Innenleben. Zwar darf man auf den Holzbänken keine Enthüllungen vom Ausmaß der Watergate-Affäre erwarten: Wer allzu Wichtiges weiß, hat in Moskau in der Regel auch eine eigene Sauna. Doch wer intime

Kenntnisse über die kleinen Geheimnisse der Moskowiter bekommen will, sitzt und schwitzt in der Konnij-Gasse richtig: Da sind die Studenten, die sich über die Bakschisch-Tarife ihrer Professoren bei den Examen austauschen. Ab 1000 Rubel ist eine Fünf – in Russland die Bestnote – zu haben. Welche Schleichwege an den Moskauer Dauerstaus vorbeiführen und in welchen Diskotheken die schönsten Frauen tanzen, ist ohne größere Lauscharbeit zu hören. Die Ohren weiter öffnen muss, wer erfahren will, wo sich die stilsichere Moskowiterin die Haare epilieren lässt und welche Aktien Banker als ihre Favoriten handeln.

Der hohe Informationsgehalt kommt nicht von ungefähr. Meine Sauna in der Konnij-Gasse ist kein gewöhnlicher Schwitzraum: Sie gehört zum Fitness-Center »Orange«. Dass der so ergiebig für den neugierigen Gast ist, hat wohl vor allem einen Grund: Anders als in der gemeinen russischen Banja, wo sich die Männer mit Birkenzweigen traktieren und die Eintrittspreise manchmal noch erschwinglich sind, ist »Orange« nur im Jahresabo zugänglich – und das kostet umgerechnet rund 1600 Euro. Für die teuerste Stadt der Welt fast ein »Schnäppchen« – zumal Badetuch und Seifenspender inklusive sind und die Empfangsdamen mit ihren kurzen Röcken und engen Blusen direkt vom Laufsteg zu kommen scheinen. Dass Iwan Normalverdiener bei »Orange« auch ohne Sauna ins Schwitzen kommt, liegt allerdings weniger an solchen Anblicken als am Lebensstil der Besucher – ist der Kundenkreis doch sehr erlesen und derart geschäftstüchtig und wichtig, dass er weder Geist noch Handy abschalten kann.

Die Umkleidekabine gleicht deshalb manchmal

eher einem Call-Center: Zuweilen bekommt man beinahe Komplexe und fühlt sich völlig unwichtig, wenn man zwischen dem Ausziehen von Hemd und Socken sein Handy ausschaltet und deshalb keine Anrufe bekommt – während die Männer an den Nachbar-Umkleideschränken lautstark Vertragsabschlüsse aushandeln, ihre Mitarbeiter dirigieren oder Aktien an- und verkaufen.

Wer glaubt, wir Deutschen seien besonders technikverliebt, wird in der Orange-Sauna eines Besseren belehrt. Selbst beim Schwitzen wollen manche Moskowiter nicht auf ihren Walkman, das Handy oder die Spiele in ihrem Mini-Computer verzichten. Auf die logische Frage, ob diese Geräte nach Russland nicht nur mit einem speziellen Kälte-, sondern auch mit Wärmeschutz ausgeliefert werden, weiß ich keine Antwort. Ebenso wie ich mir lange Zeit nicht erklären konnte, was es mit dem Kopfhörer auf sich hat, den einer der Dauer-Gäste beim Schwimmen trägt – ich tippte auf ein militärisches Geheimnis, die Miniaturausgabe eines Unterwasser-Radars, das sonst in U-Booten zum Einsatz kommt. Bis meine Neugierde überhandnahm und ich nachfragte: Es handelte sich um einen Unterwasser-Walkman.

So sehr auch die zahlungskräftigen Russen bei »Orange« moderne Technik lieben und so wenig sie die elektronischen Zellen ihrer Geräte schonen – umso sorgsamer gehen sie mit ihren eigenen grauen Zellen in ihrem Kopf um und greifen zu deren Schutz auf eher unmoderne Methoden zurück: Ahnungslose Deutsche, die meine Sauna zum ersten Mal betreten, glauben sich tief in die Tiroler Berge versetzt – sitzt ein Großteil der Russen doch mit Filzhüten auf dem

Haupt auf den Holzbänken, die jedem hochalpinen Bergbauern zur Ehre gereichen würden. Kein Wunder: Bei 115 Grad braucht man viel Gottvertrauen und noch mehr Selbstbeherrschung, um einen kühlen Kopf zu bewahren. Vielleicht ist die Hitze auch einer der Gründe für die strikte Kleiderordnung, wie mir eine der Damen am Empfang ganz zu Beginn erklärte: »Dafür, dass Frauen und Männer ohne Kleidung gemeinsam in einem Raum sitzen könnten, sind wir Russen auch ohne Sauna viel zu hitzig.«

Flüssige Folklore

Hauptsache, keine Verspätung! Jede Minute kann einen sonst teuer zu stehen kommen. Vielleicht war es ein Versprecher, als Michail Gorbatschow einst sagte: »Wer zu spät kommt, den bestraft das Leben.« Vielleicht hat er den letzten Buchstaben vertauscht, und meinte: die Leber. Denn wer es nicht rechtzeitig schafft zu einer Feier, dem droht in Russland ein »Strafnoi«. Frei ließe sich das mit »Strafstoß« übersetzen: ein vollgefülltes Wodka-Glas, das der Zuspätgekommene austrinken muss – um Sühne zu tun und um rasch den Stimmungs- oder besser Alkoholpegel der Feiergesellschaft zu erreichen. Gott sei Dank geht der Strafkelch heute an mir vorüber. Valeri, Hausherr und Geburtstagskind in Personalunion, ist gnädig.

Immer wieder müssen sich die Russen nachsagen lassen, in ihrem Land herrschten überall Chaos und Unordnung. Eine Unterstellung. Denn zumindest in einem Bereich ist diese Behauptung problemlos zu widerlegen: Wenn es um das Feiern geht, herrschen in Russland strenge Traditionen und bewährte Sitten, die uns Deutsche vor Neid erblassen lassen. Das betont zumindest Valeri, mein Freund, ein graumelierter Mittvierziger, während er das Glas zum ersten Trinkspruch hebt: Auf die Völkerfreundschaft.

Ob Geburtstag, Taufe oder Hochzeit: Bei einer anständigen Familienfeier sorgt ein »Tamada«, der Tischherr, für die Einhaltung aller Regeln. Was nicht ohne eine gewisse Pikanterie ist in diesen stürmischen Tagen, gilt der »Tamada« doch ausgerechnet als eine georgische Erfindung. Der Tischherr hat das, worum die CSU in Bayern so angespannt kämpft: nämlich die Lufthoheit über den (Stamm-)Tisch. Er ist für die Trinksprüche zuständig, die »Toasts«. Und muss dabei all die ungeschriebenen Gesetze einhalten – wie etwa, dass zwischen dem ersten und dem zweiten Trinkspruch nur so wenig Zeit vergehen darf, dass es eine Fliege nicht schafft, über den Tisch zu fliegen. Sagt Valeri und hebt schon wieder das Glas. Auf den Frieden.

Weil sie politisch heikel ist, verkneife ich mir die Feststellung, dass der »Tamada« in Georgien in der Regel demokratisch von der Feier-Gesellschaft gewählt wird, während in Russland diese Rolle gewöhnlich in schweigender Übereinkunft entweder dem Hausherren, dem Erfahrensten oder dem Angesehensten am Tisch zufällt – wobei mein Gastgeber Valeri natürlich alles in einer Person ist.

Ausgeglichen wird dieses Demokratie-Defizit dadurch, dass der russische Tamada meistens ein informeller ist und sein Amt wie Valeri höchst liberal ausübt nach dem Motto »Leben und leben lassen« – oder genauer: »Reden und trinken lassen«. Der Tamada in Georgien dagegen neigt eher zum autoritären Regiment und gibt anderen Tischgenossen das Recht auf Trinksprüche nur nach formeller Genehmigung.

Der georgische Tamada ist eher als der russische streng genug, auf »Vollzug« zu bestehen. Was so neutral klingt, wird bei jedem, der es einmal erlebt hat, noch im Nachhinein schreckliche Erinnerungen an heftiges Schädeldröhnen auslösen, weil er streng nach Vorschrift des Tischherrn jedes Glas bis zum bittern Ende gekippt hat, wobei der Begriff »kippen« hier durchaus wörtlich zu nehmen ist.

»Auch wenn ihr Deutschen es nicht so seht: Wir sind Demokraten und überaus tolerant«, sagt Valeri mit amüsiertem Blick auf mein fast volles Glas, an dem ich gegen uralte Tradition nur genippt habe. Valeris Nachsicht ist ein Segen, hatte ich doch den taktischen Fehler gemacht, nicht mit dem Auto zu kommen. So brachte ich mich um die beste Ausrede, mit deren Hilfe ich sonst auch beim fröhlichsten Fest halbwegs unbehelligt nüchtern bleiben kann. Ein Auto dient sozusagen als Airbag gegen den Kater. Spätestens seit Einführung der Straßenverkehrsordnung mit der Null-Promille-Regel.

Gewandt schwingt Valeri von Toast zu Toast. Für die Kinder, für die Verblichenen und für die Frauen – ein Trinkspruch, den der echte Gentleman selbstverständlich in stehender Position zum besten gibt.

Russland-Anfänger mögen nun glauben, bei so einem Fest drehe sich alles um Hochprozentiges. In Wirklichkeit aber ist die hohe Kunst des Feierns eine Wissenschaft für sich, in der Russland Weltniveau hat: Der fortgeschrittene Russe weiß genau, zu welchem

Anlass er welche und wie viele Blumen schenken muss, zu welchem Zeitpunkt am Tisch von ihm ein Trinkspruch erwartet wird und zu welchem Thema, und wie er mit einem geschickten Ess-Management – will sagen den richtigen, fetten Speisen – dafür sorgen kann, auch nach vielen Gläsern noch halbwegs auf eigenen Beinen zu stehen.

Aber jetzt bringt Valeri schon wieder einen Toast aus, wieder einmal auf die Völkerfreundschaft, und als Deutscher habe ich die Pflicht, mein Land würdig zu vertreten oder, wie ein russisches Sprichwort sagt, nicht mit dem Gesicht auf den Boden zu fallen. Gar nicht so einfach, da ich noch Defizite im Ess-Management habe, da mir fette Speisen nicht so liegen. Deshalb folgt, hicks, die Fortsetzung, äh, über die hohe, hicks, Kunst, äh, … des Feierns … später, urps, frühestens morgen … hicks … Nachmittag …

AUF EROS' SPUREN

Auf delikater Recherche

Der Kampf ist ungleich. Drei gegen einen. Mit langen Lederstiefeln auf hohen Absätzen und in kurzen Röcken stolzieren die drei Schönheiten auf mich zu. Eine knappe Armlänge bevor sie bei mir angekommen sind, werfen sie sich in Pose – und beginnen mich mit lasziven Blicken verführerisch an der Schulter, den Armen und den Knien zu berühren. Mir wird ganz wunderlich ums Herz. Fünfzig nicht weniger sexy gestylte Frauen verfolgen die Szene aus ein paar Metern Abstand gebannt und achten auf jede meiner Bewegungen. Ich weiß nicht, wie mir geschieht. Die drei Frauen schmiegen sich an meinen Kopf und streicheln meine Schultern und Beine. Mein Puls rast, als ob er in Monza Michael Schumacher überholen müsste.

Es handelt sich nicht um eine typische Männerphantasie, und ich habe mich auch nicht in ein zwielichtiges Moskauer Etablissement verirrt. Der Einsatz an vorderster Front ist wieder einmal rein dienstlich – und die charmante Attacke kam völlig unvorbereitet. Im Fußball würde man sagen, ich wurde auf dem falschen Fuß erwischt. Oder war ich im Abseits? Auf jeden Fall schien ich den Boden unter den Füßen zu verlieren und hoffte, dass der Schiedsrichter endlich abpfeift.

Gut, ich hätte mir denken können, dass es kein Einsatz wie jeder andere wird – die Reportage über die Moskauer »Luderschule«, die »Anmach-Akademie« im Stadtteil »Proletarski«. Aber dass mein Gastgeber – Wladimir Rakowski, der oberste Luder-Lehrer – einfach den Spieß umdrehen und mich zum Versuchskaninchen machen würde, wie hätte ich das ahnen können?

Ich kam, auch wenn der Vergleich in diesem Zusammenhang hinkt, in die heikle Lage wie die Jungfrau zum Kind. Und sie hatte eindeutig mit den extremen Lebensumständen in meiner Wahlheimat zu tun: dem Russki extrem. Weil die Dauerkrise in den neunziger Jahren den Menschen in Russland ein Maximum an Wandlungsfähigkeit abforderte, musste auch Wladimir Rakowski umsatteln. Der Mann mit einer Stimme so tief wie ein Nebelhorn und einem XXL-Bauch hatte beim Katastrophenschutz Unfallopfern Beistand geleistet – und dabei bemerkt, dass er bei der weiblichen »Kundschaft«, wie er das nennt, besonders gut ankam. Rakowski machte aus der Not eine Tugend – oder zumindest ein Geschäft – und gründete seine »Luderschule«.

Hier bringt der Mittvierziger Frauen bei, wie sie den richtigen Mann finden. Einer half er dabei besonders tatkräftig – Schenja, 21 Jahre alt, machte er zu seiner Angetrauten. Das Programm reicht von der Verführung durch das erotische Verspeisen einer Banane bis hin zur Antwort auf die sehr russische Frage, mit welchen Methoden Frauen ihren Allerliebsten glücklich machen können – oder zumindest bei der Stange halten: indem man ihm alle Wünsche von den Lippen abliest. Und vom Magen.

Jede westliche Gleichstellungsbeauftragte hätte gewaltige Probleme mit Rakowski. Ich hatte sie gleich doppelt. Nicht nur, weil ich viel von Gleichberechtigung halte und der Frauentyp der Luderschule damit wenig zu tun hat – sondern auch, weil die mangelnde Gleichberechtigung in dieser Situation eindeutig zu meinen Lasten ging: Neben dem Guru selbst war kein anderes männliches Wesen anwesend – außer meinem Fotografen Igor. Aber der sagt von sich selbst, er sei bereits in dem Alter, in dem einem Mann das Interesse einer Frau mehr Sorgen bereitet als ihr Desinteresse.

»Heute haben wir endlich einmal die Möglichkeit, nicht nur Theorie zu pauken, sondern auch am Objekt zu üben«, hatte ich Rakowski am Anfang des Abends, vor der ersten Attacke, noch sagen hören – und dabei ganz unschuldig und nichtsahnend gelächelt. Rakowski fixierte mich mit seinem hämischen Blick. Ich versuchte ihm standzuhalten, doch innerhalb von Zehntelsekunden verwandelte sich mein Lächeln in ein nervöses Grinsen. Mir war urplötzlich klargeworden, dass ich mich in die Höhle der Löwinnen verirrt hatte. Und Rakowski war ihr Dompteur. Schon fing er an, auch mich zu dirigieren: »Bitte setzen Sie sich auf den Stuhl hier in der Mitte, tun Sie gar nichts, fühlen Sie sich ganz entspannt.« Ich spürte, dass Ungemach drohte – und dass jeder Widerstand zwecklos war.

Kaum hatte er mich auf dem Präsentierteller plaziert, schnipste Rakowski mit dem Fingern und warf mich seinen Löwinnen zum Fraß vor: »Schenja und die beiden Nataschas, zeigt's ihm!« Ich war gerade noch kühl genug im Kopf, um bei den fünfzig »Schülerinnen«, die um mich herum im Kreis saßen, ein Lächeln auszumachen. Doch ich war mir nicht klar darüber, ob es sich um Schadenfreude, pure Nettigkeit oder reines Mitleid handelte.

Eine genaue Beschreibung des Einsatzes von Schenja und den beiden Nataschas möchte ich mir an dieser Stelle verkneifen, schließlich muss ich beim Schreiben ruhig Blut bewahren. Als Rakowski plötzlich wieder schnipste und meinte, »es reicht« (der Mann konnte kaum ahnen, wie recht er hatte), war ich so naiv anzunehmen, ich hätte das Schlimmste überstanden: Kaum hatten die drei Frauen endlich einen den Sicherheitsanforderungen am Arbeitsplatz entsprechenden Mindestabstand zu mir erreicht (ich war schließlich im Dienst!), fragte Rakowski sichtlich erheitert die Zuschauerinnen, welchen Eindruck das Objekt auf sie gemacht hätte. Aus Gründen des Datenschutzes seien nur die harmlosesten Antworten verraten: Der Tenor reichte von »er wirkte etwas schüchtern«, über »er schien etwas angespannt« oder »er machte keinen unglücklichen Eindruck« bis hin zu weitaus meinungsfreudigeren Sätzen, von denen ich nicht einzuschätzen weiß, ob sie schmeichelhaft gemeint waren oder das Gegenteil.

Obwohl er von der Statur her eher einem Bär gleicht, kann es Rakowski mit jeder Katze aufnehmen, wenn es um die Kunst geht, eine einmal gefangene Maus bis zum Äußersten zu triezen. »Fragen wir doch unser Objekt selbst«, fuhr er fort: »Erzählen Sie uns, was Sie gefühlt haben?« Einhundertsechs weibliche Augen starren mich gebannt an – die von den beiden Nataschas und Schenja mitgezählt. Ich wusste: Wenn ich jetzt etwas Falsches sage, könnte der Abend unharmonisch enden, und ich wäre dem Rudel ungeschützt ausgesetzt. »Es war eine sehr interessante Erfahrung …«, suchte ich stammelnd nach Worten. Rakowski machte keinerlei Anstalten, mich zu erlösen und selbst das Wort zu ergreifen. »Und die drei Damen sind ausgesprochen charmant …«

Rakowski ließ mich weiter zappeln. Doch ich ermannte mich zu Widerspruch: »Aber hier in der Schule geht es doch ums Anbandeln. Und ich glaube, was die drei Damen hier virtuos vorgeführt haben, ist nicht der richtige Weg, um etwa in der Metro einen Mann auf sich aufmerksam zu machen.« Die Retourkutsche saß. Rakowski unterbrach das Gelächter schnell mit einem »Aufgepasst!« und hüpfte seiner massigen Statur zum Trotz blitzschnell zur Tafel: »Jetzt zeige ich, wie man aus seiner Rolle ausbricht.«

Das hätte ich auch gerne gewusst in diesem Moment. Ich hielt fortan einen Sicherheitsabstand von mindestens acht leeren Stühlen zu den Frauen. Vergeblich. Bei der Lektion »Wie spricht man einen Mann im Lokal an« wurde ich wieder an die vorderste Front im Geschlechterkampf zitiert und erneut als Versuchskaninchen auf den heißen Stuhl gesetzt.

Wie naiv war es von mir zu glauben, wir Männer seien trickreich im Anbandeln! Waisenknaben sind wir! Nur ein Beispiel für offensichtlich praxisbewährtes weibliches Flirt-Know-how, von einer der Frauen an mir persönlich ausprobiert: Will frau auf der Straße oder in der Metro mit einem Mann in Kontakt kommen, trägt sie eine ganz unspektakuläre Bitte an ihn heran: »Könnten Sie mir kurz Ihr Handy geben für einen wichtigen Anruf, bei meinem ist der Akku leer?« Der Rest ist einfach, ließ ich mir sagen: Frau ruft kurz eine gute Freundin an – bei der die Nummer des Zielobjekts in der Anruferliste gespeichert wird –, um später mit einer telefonischen Danksagung in die Offensive zu gehen.

Ehe ich mein Telefon hergeben konnte, ging Rakowski wieder an seine Tafel und zeichnete ein Schaubild über die drei unterschiedlichen Arten, in denen das starke Geschlecht in der freien Wildbahn anzutreffen ist: als »Kind«, als »Teenager« und – zum Leidwesen der Frau höchst selten – als »echter Mann«.

Zumindest mein Männerbild brachte der Besuch in der »Luderschule« ins Wanken. Die Frauen haben alle ähnliche Erfahrungen mit den Männern gemacht. Und die sind nicht gerade rosig. Da ist Marina, die lebensfrohe Marketingexpertin, die von ihrem Mann zu Hause wie eine »Dienstmagd« gehalten wird. Da ist Irina, der ihr Gatte immer wieder die Hölle heiß macht, wenn sie das Essen ohne Lächeln serviert. »Alle meine Freunde waren wie kleine Jungen, wollten bemuttert werden. Sie drängten mich in eine Rolle, die ich gar nicht wollte«, klagt Natascha: »Nie war mir ein Mann wirklich nah«.

Russische Männer kämen nie aus der Pubertät heraus, nach außen hin gäben sie gerne den Macho, zu Hause seien sie eher kleine Jungen. Teilweise verhielten sie sich sogar so, wie man es eher von Frauen erwarten würde, stimmt dann auch Rakowski in das Klagelied ein: »Das geht so weit, dass Männer Kopfschmerzen vorschützen, um sich vor Sex zu drücken.« Die patriarchalische Erziehung trichtere den Frauen ein, sie seien nur dann etwas wert, wenn sie einen Mann hätten: besser einen Säufer oder einen, der sie schlägt, als gar keinen.

»Der Name Luderschule ist nur ein Aushängeschild«, behauptet Rakowski: »In Wirklichkeit will ich den Frauen helfen, zu sich selbst zu finden, den ersten Schritt Richtung Emanzipation zu tun.« Im ewigen Kampf der Geschlechter will Rakowski die Frauen mit seinen Rezepten von Opfern zu Angreifern machen. Echte Gleichberechtigung sieht anders aus.

»Sind es nicht eigentlich die Männer, die Unterricht im Umgang mit dem anderen Geschlecht bekommen müssten?«, frage ich Rakowski nach der Stunde. »Ja, aber sie sind weniger veränderungsfähig als Frauen«, antwortet er. »Es ist leichter, eine Straßenlampe in Bewegung zu bringen als die meisten Männer.« Eine der jungen Frauen kommt am Ende auf mich zu, mit gezücktem Notizblock und ratlosem Blick. »Bitte, erklären Sie mir die Männer!«, sagt sie deprimiert. »Ich würde Ihnen gerne helfen – aber ehrlich gesagt verstehe ich die russischen Männer selbst nicht.«

Frust an der Intimfront

In der traditionellen »Keimzelle der Gesellschaft«, wie die Familie zu Sowjet-Zeiten noch ganz konservativ hieß, ist auch fast zwei Jahrzehnte nach dem Ende des Kommunismus meist alles noch auf seinem Platz: die Frau in der Küche am Herd, der Mann auf dem Sofa vor dem Fernseher. Nur langsam machen sich in den letzten Jahren – allerdings nur vereinzelt unter jüngeren Russen – westliche Dekadenz-Erscheinungen breit: etwa dass Männer nicht nur zum Bierholen in die Küche gehen oder erkennen, dass das Bügeleisen keine natürliche Verlängerung von weiblichen Händen ist.

Ausgerechnet eine Deutsche ist daran schuld, dass die traditionelle Rollenverteilung zumindest einmal im Jahr durcheinander gerät, und zwar auf Geheiß des Staates: Auf Initiative der Sozialistin Clara Zektin beschloss die zweite Internationale Sozialistische Frauenkonferenz vor fast hundert Jahren, den 8. März zum internationalen Frauentag zu machen – in Erinnerung an Arbeiterinnen, die an diesem Tag in New York in Streik getreten waren.

Der revolutionäre Feiertag wurde in Deutschland längst vom dem biederen Muttertag verdrängt und wird allenfalls noch in Frauenrunden mit wehmütigen Stoßseufzern begangen. Doch in Russland ist der 8. März einer der wichtigsten Feiertage – von der Bedeutung her irgendwo angesiedelt zwischen dem, was Muttertag und Ostern für die Deutschen sind, und natürlich arbeitsfrei. Russlands Männer müssen den Eifer der deutschen Frauenrechtlerin bis heute ausbaden. Schon Tage, bevor sie die Bescherung haben, kaufen Heerscharen entnervter russischer Männer (einer Umfrage zufolge genau 44 Prozent) die Blumengeschäfte leer, wo das in Moskau ohnehin chronisch überteuerte Grünzeug pünktlich noch mal um bis zu 100 Prozent im Preis steigt.

Noch tiefer in den Geldbeutel müssen jene 14 Prozent der Russen langen, die ihrer oder ihren Liebsten zum Frauentag luxuriöse Geschenke bieten wollen: Parfüm oder Kosmetik. Nach dem Geldbeutel-schonenderen Motto »Liebe geht durch den Magen« verschenken 19 Prozent der Russen Süßigkeiten und Torten, wobei diese Form der Bescherung vor allem bei der älteren Generation beliebt ist. Jeder zehnte Russe gewährt seiner besseren Hälfte freie Wahl und lässt

Rubel – noch besser Dollar – rollen. Nur vier von hundert Russen klagen, dass sie gar niemanden zum Gratulieren haben. Für alle anderen hat der Tag einen dicken Haken: Neben der Bescherung gehört es für die Herren der Schöpfung zum guten Ton, an diesem Tag etwas absolut Ungeheuerliches zu tun – im Haushalt mitzuhelfen.

Sogar in die Nachrichten schaffen es die Frauen an diesem besonderen Tag – zum Beispiel mit einer Umfrage zum Wesen und zur Liebesfähigkeit der russischen Frau. Ob die intimen Einblicke in die Seele und in die Betten der holden Weiblichkeit als Feiertagsgeschenk durchgehen können, sei mal dahingestellt. Zumindest die Männer können sich über die eine oder andere Einsicht freuen: »Russinnen könnten stärker lieben als Europäerinnen und Amerikanerinnen«, wird der Psychologie-Professor und Sex-Forscher Alexander Polejew zitiert: »Liebe und Leidenschaft halten bei unseren Frauen länger an, sie neigen zur Liebes-Abhängigkeit und hängen auch dann noch an ihren Partnern, wenn die sich längst anderweitig orientieren.«

Weil wegen der geringen Lebenserwartung der russischen Männer Frauen immer in der Überzahl seien, herrsche an der Liebesfront »harte Konkurrenz« – aber die belebe bekanntlich auch das Geschäft, gibt die Schriftstellerin Olga Arnold zu Protokoll. »Unsere Frauen kümmern sich um ihr Äußeres, bemühen sich, besser auszusehen.« Und nicht nur das: Während die Männer bei Krisen depressiv auf dem Sofa liegen, neigen Russlands Frauen eher zum Anpacken.

Doch ob auf dem Sofa oder anderswo – wegen ihrer im westlichen Maßstab patriarchalischen Ansichten sind Russlands Männer zuweilen regelrechte Lustverderber, wie am Frauentag enthüllt wurde. Die weitverbreiteten Vorurteile und Tabus hindern viele Russinnen, sich »im Intim-Bereich völlig zu realisieren«, glaubt der Psychologe Polejew: »Wir treffen ständig auf übertriebene Schüchternheit, Geniertheit, Schuldkomplexe. Das führt dazu, dass ein Drittel der Russinnen unbefriedigt ist.«

Noch weniger Anlass zur Freude bietet das, was an diesem Tag noch über das innerrussische Geschlechterverhältnis gemeldet wird: Zu viele Herren der Schöpfung sind leider auf eine Art und Weise tatkräftig, die nicht im Sinne des schönen Geschlechts sein kann: 38 000 Frauen werden jeden Tag von Männern verprügelt, 14 000 pro Jahr gar umgebracht. Der alte Spruch »Wer seine Frau schlägt, liebt sie« ist in Russland immer noch weitverbreitet – und wird offensichtlich auch gelebt.

Zumindest am Frauentag gibt es dafür Trost auch aus Ecken, aus denen man ihn eigentlich in Russland nicht erwartet: Die sonst eher schlagkräftige Miliz – also Polizei – muss sich nach einem Befehl aus dem Innenministerium am 8. März »maximal galant zeigen« – vor allem, so wörtlich, gegenüber Frauen, die von den Feiern nach Hause zurückkehren, was auch immer damit gemeint ist.

Die Verkehrspolizisten sind an diesem Tag ganz Gentleman-like: In Tjumen – einer Stadt im Westen Sibiriens – überreichen sie Frauen an diesem Tag ausnahmsweise keine Strafzettel, sondern Blumen. Das ist sehr konsequent. Denn die Männer, die mit ihren schwarz-weißen Holzstäbchen, mit denen sie die Autofahrer heranwinken und zum Anhalten auffordern, ein ebenso verlässliches Inventar am Straßenrand sind wie Alkoholleichen, sind auch an den anderen 364 Tagen im Jahr geradezu Vorreiter im Kampf um echte Gleichberechtigung: In der Regel kassieren sie ihre Bestechungsgelder ohne jedes Ansehen von Alter und Geschlecht.

Hilfeschrei nach echten Männern

Das SOS in Sachen Liebe kam per E-Mail, aus dem Herzen Europas. »Echte Männer«, so die ebenso traurige wie erschreckende Botschaft, »sind im Westen sehr schwer zu finden«. Die Worte trafen mich wie ein Blitzschlag: Es war nicht nur die plötzliche, tragische Wandlung hinter dem Hilfeschrei, die mich so entsetzte. Die Absenderin, nennen wir sie der Diskretion wegen einfach Dascha, ist eine Frau wie Zuckerwatte, die eine tiefe russische Seele und einen mathematisch klaren Verstand hinter dem Äußeren einer Angelina Jolie versteckt. Und auch wenn ich es nie zuzugeben wagte, so war ich doch selbst einer ihrer sicher zahlreichen Verehrer.

Obwohl vor gar nicht allzu langer Zeit noch aktive »Lenin-Pionierin« und patriotisch bis in die Fingerspitzen, war Dascha ihrem Vaterland seit ihrem Studienaufenthalt in Berlin nicht mehr so recht zugeneigt, genauer gesagt: den vaterländischen Männern. Die Waffen, die einer Frau gewöhnlich zur Verfügung stehen – und Dascha ist sehr hochgerüstet –, waren seither eher in Richtung des ehemaligen Klassenfeindes orientiert. So glaubte ich es zumindest, bevor mich die besagte E-Mail erreichte.

Dascha war mit ihrem Drang nach Westen alles andere als eine Ausnahme. Ausländische Männer stehen hoch im Kurs bei Russlands angeblich schwachem Geschlecht: Kein Wunder, wo doch viele russische Männer die Emanzipation für eine ansteckende Krankheit halten und die Ehe weniger als Liebesbund sehen denn als lebenslange Vollpension und billige Alternative zum Kauf von Geschirrspüler und Waschmaschine.

»Ein Huhn ist kein Vogel, und eine Frau kein Mensch«, oder »eine Frau am Steuer ist wie ein Affe mit Handgranate«: Wo Sprichwörter dieser Art zum maskulinen ABC gehören, liegt der weibliche Fluchtinstinkt nicht fern. Die russischen Medien begegnen dem Phänomen der vor den einheimischen Männern Reißaus nehmenden Frauen prophylaktisch mit Berichten über unglückliche Auslands-Ehen, in denen abtrünnige Russinnen ihren erotischen Vaterlandsverrat schon mal mit dem Leben bezahlen mussten.

Dascha konnte solche Propaganda früher nichts anhaben. Und so strahlte sie denn auch glücklich wie ein russisches Kind nach dem Besuch von Väterchen Frost, als sie mir vor einiger Zeit eröffnete, dass sie am Ziel ihrer Träume angekommen sei: im Ehe-Exil im westlichen Ausland, noch dazu im deutschsprachigen – genauer wollen wir der Diskretion halber nicht werden.

Ich gebe zu, mein ernster Gesichtsausdruck beim Hören dieser Neuigkeit war nicht ausschließlich selbstloser Sorge um Dascha entsprungen, und ich war wegen meiner Eifersucht sicher befangen. Aber meine verzweifelten Einwände blieben erfolglos, und damit auch meine Hoffnung, sie von ihrer Hochzeit mit einem Ausländer abzubringen: Sie ließ all meine Warnungen über die garantiert bevorstehenden Probleme wegen unterschiedlicher Mentalität und Temperament, Sitten und Bräuche nicht gelten: »Ach wo, ich komme im Westen wunderbar zurecht.«

Und jetzt diese E-Mail. »Ich glaube, echte Männer formen sich nur in einer Umwelt, wo physische Arbeit zählt und wo sie viel mit eigenen Händen erledigen müssen.« Ich traute meinen Augen nicht – diese Worte, die Böses ahnen lassen, ausgerechnet von Dascha, die von den deutschen Männern so überzeugt gewesen war. »In einer Gesellschaft, wo alle Aufgaben gleich verteilt werden, hören die Frauen auf, Frauen zu sein – und die Männer sind keine Männer mehr«, schrieb sie, und es folgten drei vielsagende Pünktchen, über deren tiefere Bedeutung ich mir lieber keine Gedanken machen möchte.

Selbst kleinste Arbeiten im Haushalt wie einen Nagel in die Wand zu schlagen oder ein Regal zu bauen könne der westliche Mann nicht mehr selbst erledigen, klagt Dascha. Wegen jeder Kleinigkeit werde Mann (West) gleich nervös, und Frau (Ost) müsse ihm lange geduldig zuhören und ihn beruhigen. »Worin bitte«, so Daschas bitterböses Fazit, »unterscheiden sich die Männer (West) von den Frauen (West) außer in den Gehalts-Unterschieden?«

Aus einer Bruchlandung allein darf man nicht den Schluss ziehen, dass der Flughafen nichts taugt, wollte ich Dascha gerade schreiben. Doch dann fiel mir ein, dass sie nicht allein dasteht mit ihrer Einschätzung. Ich dachte an die russische Partnerin meines deutschen Freundes, die sich einst bitter beklagte: »Der ist kein richtiger Mann! Wenn er wenigstens manchmal richtig schreien und mit der Faust auf den Tisch schlagen würde.«

Oder die nach Deutschland emigrierte russische Kollegin, die sich bitter über ihren Ex-Mann beklagte: »Der spült inzwischen Geschirr zu Hause, so weit ist es mit ihm gekommen!« So unterschiedlich die Männer in Ost und West sein mögen – ihre Gemeinsamkeit liegt offenbar darin, dass sie es vielen russischen Frauen nicht recht machen können: Die östliche Variante ist ihnen erst zu hart. Aber wenn sie es mit der weichen, westlichen Variante zu tun bekommen, sehnen sie sich nach ihren schimpfenden und schlagenden russischen Mannsbildern zurück. Mit den potentiellen Partnern hinter der jeweils anderen Seite des Eisernen Vorhangs ist es wohl kaum anders als mit den Kirschen in Nachbars Garten – man sehnt sich immer nach dem, was man gerade nicht hat.

Aber hätte ich Dascha das schreiben sollen? Das kam mir ein wenig herzlos vor. Vielleicht sollte ich es besser mir einem Geschenk-Gutschein versuchen: zum Beispiel ein Muckibuden-Abo für ihren Angetrauten – oder eine Abenteuerreise. Zur Abhärtung. Nach Russland.

Kalter Krieg der Geschlechter

Zwanzig Jahre nach dem Fall der Berliner Mauer sind sich zwar die Menschen im ehemaligen Ostblock und im einst »kapitalistischen Ausland« nähergekommen. Doch an einer Front fehlt es immer noch an Entspannung: zwischen den Geschlechtern in Ost und West. Ob russische Frauen die heimischen Männer neuerdings für verwöhnte Paschas halten und sich nach Männern aus dem Westen sehnen oder ob sie in diesen nichts als nutzlose Weicheier sehen: Die Positionen an der Liebesfront scheinen verhärteter und die Vorurteile tiefer als geglaubt.

Im grenzüberschreitenden Verkehr geht der Geschmack der Russinnen diametral auseinander: Die einen finden Männer aus dem Westen unromantisch und staubtrocken, andere offenherziger und aufmerksam. Die Wessis seien Opfer der Emanzipation, echte Männer seien nur in Russland zu finden, halten die Vertreter des starken Geschlechts dagegen. Nur in Russland gebe es noch Kerle, die im Notfall dem Nebenbuhler »eins auf die Fresse geben, ohne zum Richter zu rennen«, auf einen »Ehevertrag pfeifen«, im »Restaurant für beide bezahlen« und »nicht sparen«.

Im »Runet«, wie die Russen ihren Teil des Internets nennen, ist eine heftige Diskussion über die internationalen Beziehungen der Geschlechter entbrannt – ausgelöst ausgerechnet durch meinen Bericht über die junge Russin Dascha, die immer von einem ausländischen Mann träumte – und nach Erfüllung ihres sehnsüchtigen Wunsches klagt, Mann (West) sei verweichlicht und kein echter Mann.

Kritische Stimmen über die deutschen Männer kamen vor allem per E-Mail bei mir an: »Sie sind geizig und trocken, was die Gefühle angeht, sie zeigen ihre Emotionen kaum, sie verstehen es nicht, die Frauen mit Aufmerksamkeit zu verwöhnen«, klagt eine junge Russin, die mit ihrem Partner in Bayern lebt und noch mehr schlechte Eigenschaften bei den deutschen Männern entdeckt hat: »Die Deutschen sind berechnend und sehr sparsam, oft auch geizig. Sie sind egoistischer als russische Männer, denken vor allem an sich und ihren eigenen Vorteil.« Dennoch habe sie bei den Männern im Westen auch Vorzüge entdeckt – Genauigkeit und Zielstrebigkeit zum Beispiel.

»Langeweiler, Workoholiker, Neurotiker und Geizkragen« gebe es zuhauf in Deutschland, schreibt auch eine junge Petersburgerin aus einer deutschen Großstadt, wo sie als Austauschstudentin lebt: »Als Frau will ich Romantik, Blumen, Anrufe, Überraschungen, dass der Mann um mich wirbt. Aber die Männer sind faul geworden in dieser Hinsicht – überall.« Wenn sich ein formvollendeter romantischer Kavalier finde, sei der meistens hässlich, so die Studentin: »Und wer nicht hässlich ist, ist meistens zu verwöhnt von weiblicher Aufmerksamkeit.«

»Ihr seid verrückt! Ist ein echter Mann der, der mit der Faust auf den Tisch haut und für nichts in der Welt Geschirr spült? Ich bin seit drei Jahren mit einem Deutschen verheiratet und sehr glücklich«, hält die russische Ärztin Natalia in einem Diskussionsforum im Internet dagegen: »Glaubt niemandem, liebe Frauen: Im Ausland, etwa in Deutschland, gibt es sehr viele gute Männer, es fehlt dagegen an Frauen, vor allem an so schönen und ordentlichen wie Russinnen.« Eine böse Unterstellung, die aber in Russland immer noch weitverbreitet ist. Ich kontere sie in der Regel mit dem Hinweis, dass bei uns in Deutschland eben auch schöne Frauen derart in den Arbeitsprozess eingebunden sind, dass sie ihre Reize nicht ganztägig zur Schau stellen können.

Ebenso ungerecht wie die Pauschalangriffe gegen

deutsche Frauen seien die Vorwürfe gegen die Männer in Deutschland, so auch die für alle Germanen tröstliche Stimme einer anderen Gaststudentin: »Sie sind auch nur Männer, mit allen üblichen männlichen Fehlern, und dazu kommt ihre Mentalität, die für uns Russinnen fremd ist.« Mit ihrer Kritik wollten ihre Landsmänninnen nur von ihren eigenen Fehlern ablenken, glaubt sie: »Russischen Schönheiten wachsen Flügel von ihrem Erfolg an der Liebesfront im Ausland, sie glauben dann in ihrer Naivität, die Welt läge ihnen zu Füßen.«

Die russischen Männer seien etwas rückständig – mit diesen Worten schießt eine Moskauer Journalistik-Studentin den Ball in die eigene Spielfeldhälfte zurück: »Unsere Frauen leiden seit jeher unter fehlender Aufmerksamkeit, die Männer nutzen sie nur aus. Unsere Mannsbilder glauben, eine Frau müsse man nur einmal auf Händen tragen – zur Hochzeit. Danach läuft sie nicht mehr weg.« Der Mann (West) wiederum tue sich schwer mit der Romantik, weil ihn die Emanzipation verdorben habe.

Tatsächlich heißt es in vielen Kommentaren im Internet, dass die Emanzipation die westlichen Männer in die Arme der Russinnen treibe: Während die deutschen Frauen nur noch an Gleichberechtigung dächten, seien ihre russischen Geschlechtsgenossinnen ein Inbegriff der Weiblichkeit, schreibt etwa ein anonymer Leser: »Die Unterschiede zwischen den Geschlechtern in Deutschland verwischen immer mehr, vor allem bei den Jungen.«

Mancher Russe verabschiedet die Töchter seines Landes gar mit einem Nachtreten. »Früher ärgerte mich, dass so viele Russinnen in den Westen ausreisen, heute freut es mich«, schreibt ein russischer Leser mit dem vielsagenden Nickname »voodoo«: »Normal reisen sie aus, um zu parasitieren. Ein normales Eheleben ist mit solchen Frauen kaum möglich. Die Westler schicken uns Menschenrechtler, wir ihnen unsere Hexen. Die naiven Deutschen kapieren nicht, dass sie so eine Frau zehn Jahre ihres Lebens kostet.«

Solche Vorwürfe seien ungerecht, hält eine Russin mit dem Kosenamen Ol dagegen: »Es ist nicht so, dass alle russischen Frauen nur vom Westen träumen. Auch dort ist der Tee nicht süß. Aber in Russland hat eine Frau mit 26 oder 28 so gut wie keine Chancen mehr, ihre bessere Hälfte zu finden«, schreibt Ol: »Im Westen gibt es einfach mehr Männer. Viele Russinnen würden mit ihren ausländischen Männern lieber zu Hause in Russland leben, aber die wollen nicht.« Vor allem diejenigen, die zu Hause Probleme haben, suchten ihr Glück in der Fremde, hält ein Russe dagegen: »Und wie soll man eine gemeinsame Sprache finden mit holprigem Englisch?«

Und die Moral der Geschichte? Wenn es eine gibt, dann kommt sie ausgerechnet aus Baden-Württemberg, in bestem Deutsch – von einer jungen Russin. Wenn es um die große Liebe geht, wollen die Russinnen wie in einem alten russischen Sprichwort »auf die Tanne klettern und nicht gepiekst werden«, schreibt die junge Frau, die mit einem Deutschen verheiratet ist: Die russischen Frauen dürften sich nicht beklagen. Wenn sie westliche Lebensstandards wollten, müssten sie auch mit den Konsequenzen rechnen: »Die für Russen üblichen und als richtig empfundenen geschlechtlichen Verhaltensregeln sind im Westen obsolet geworden«, so die junge Russin: »Aber die Frauen wollen

Emanzipation UND männliche Galanterie.« Die Globalisierung hat eben nicht nur in der Wirtschaft fatale Folgen: Auch wir Männer sollen jetzt den Normen aus ganz unterschiedlichen Welten gerecht werden – als ob wir uns nicht schon schwer genug täten, den Ansprüchen der Frauen an der Heimatfront zu genügen.

Die hohe Kunst des Fluchens

Die Bitte des Uniformierten war so eindringlich, dass ich nicht widersprechen konnte. »Aussteigen! Ich vögle deine Mutter, sage ich, Hure!« Gut, dem Mann fehlte es an Höflichkeit. Doch man muss ihm zugute halten, dass er schlicht zu jener Minderheit von etwa drei Vierteln der russischen Männer gehört, die ihre Sätze gerne mit Kraftausdrücken schmücken: dem »Mat«, auf Deutsch: Mutterflüche. Nicht etwa aus bösem Willen, sondern der Expressivität des Ausdrucks wegen werden die deutlichen Worte zuweilen sehr hoch dosiert.

Ihre Wirkung verfehlen die Mutterflüche selten. Hartnäckig hatte ich mich bei der Führerschein-Kontrolle geweigert, auszusteigen – und wusste das Gesetz auf meiner Seite. Doch bei seiner Fluch-Kanonade wurde mir klar, dass der Verkehrspolizist es bitterernst meinte – und es ein Fehler war, auf mein Recht zu pochen. Er war ein Baum von einem Mann, auch wenn der Wodka offenbar kurz davor war, ihn zu Fall zu bringen. Aber darauf konnte ich mich nicht verlassen. Vielleicht entsprach der Pegel ja seiner normalen Betriebstemperatur. Ich machte folglich eine freundliche Miene zu den rohen Ausdrücken und stieg brav aus meinem Wagen. »Na, es geht doch, Hure, warum nicht gleich so, auf den Schwanz?«, kommentierte der Ordnungshüter schon weitaus freundlicher mein Nachgeben – und ließ mich fahren.

Ein Schelm, wer bei den groben Worten Böses denkt. Die Mutterflüche sind so populär, dass manche Russlandkenner behaupten, es gebe zwei Sprachen im Land von Puschkin, Tolstoj und Pasternak: die russische und die der Mutterflüche. »Viele Leute beginnen erst, einem zuzuhören, wenn man mit Mat auf sie schimpft«, meint Igor. Oft sagt ein Fluch mehr als tausend Worte: Der Russe könne seine gesamte Gefühlswelt mit einem einzigen unanständigen Wort ausdrücken, schrieb schon Dostojewski. Auch positive Gefühle decken die Mutterflüche ab: Was dem Bayern ein freudiges »Ja leckst mi am …«, ist dem Russen sein »Ich habe deine Mutter …«.

Manche Männer scheinen geradezu eine moralische Verpflichtung zu spüren, in jeder dritten Silbe auf den Alternativ-Wortschatz zurückzugreifen. Die Grammatik des »Mat« ist für den Ausländer nur schwer zu verstehen. Eine ungeschriebene Regel scheint zu sein, dass die Wörter nie einen Sinn ergeben sollten. Um die Anschaulichkeit zu wahren, beschränkt sich der durchschnittliche Mat-Flucher – auf Russisch »Materschinik« – meist auf die bekanntesten Mat-Ausdrücke: »Ich habe deine Mutter gevögelt«, »Auf den Schwanz« und »Hure«.

Einem Ausländer reicht zuweilen schon eine einzige Taxifahrt, um diesen Grundwortschatz kennenzulernen. Und allein die Kenntnis dieser drei russischen

Ausdrücke befähigt den Besucher zumindest theoretisch, in bestimmten Kreisen eine abendfüllende Unterhaltung zu führen. Zumal der Anteil an »sauberen«, also anständigen Wörtern, mit steigendem Alkoholkonsum schlagartig nachlässt. Was der Deutsche in der Kneipe im Idealfall mit einem einfachen »'n Bier« ausdrückt, kann beim Russen eine geradezu literarische Qualität bekommen: »Ich hab deine Mutter gevögelt, Hure, bring mir noch ein Bier, auf den Schwanz!«

Manche besonders erfahrene »Materschiniki« können nicht einmal »Guten Tag« sagen, ohne mindestens drei Mat-Wörter einzuflechten. Selbst vor den heiligen Hallen des Kreml macht der Ergänzungswortschatz nicht halt – obwohl er als Ordnungswidrigkeit mit bis zu 15 Tagen Arrest geahndet und im Fernsehen stets schamhaft mit Pieps-Tönen überdeckt wird. Eingeweihte behaupten gar, ausgefeilte Mat-Kenntnisse seien seit Urzeiten Voraussetzung für höhere Regierungsämter. So soll nach einer Anekdote selbst Zar Peter der Große auf die Frage, um wie viele Zentimeter die russischen Eisenbahn-Gleise breiter sein sollten als die europäischen, mit eindeutigem Fingerzeig und einem der Mat-Ausdrücke geantwortet haben. Dass es zu Peters Zeiten noch gar keine Eisenbahn gab, schließt nicht aus, dass an dieser Schnurre doch etwas Wahres dran ist.

Auch Michail Gorbatschow und Wladimir Putin sollen zuweilen Wert auf klare Ausdrucksweise legen. Nur Boris Jelzin duldete in seiner Gegenwart kein Mat – obwohl man eigentlich gerade ihm so viel Nüchternheit gar nicht zugetraut hätte. Doch nicht nur wegen ihrer Derbheit sind die Mutterflüche politisch unkorrekt. Das Nachsehen haben nämlich stets die

Frauen – eine regelrechte Ohrfeige auf die Emanzipation: Nicht nur, dass sie selbst nicht fluchen dürfen. In Gegenwart von Damen wird der russische Mann, der etwas auf sich hält, nie ein Mat-Wort über die Lippen bringen. Vor Frauen gehört sich so etwas nicht, und eine anständige Dame hat rot anzulaufen und empört zur Seite zu blicken, sollte sie einmal durch einen Zufall eine mit Mat gespickte Konversation aufschnappen.

Gerade das Versteckspiel vor den Damen scheint den Spaß an der Sache auszumachen; ohne diesen Kitzel wären die Mutterflüche vielleicht längst zu etwas Harmlosem verkommen wie der deutsche Allerweltsausdruck »Scheiße«, der selbst der vornehmsten Rentnerin kaum noch ein Kopfschütteln entlockt (wobei es ein schönes Thema für eine Doktorarbeit wäre, warum sich die deutschen Schimpfwörter vorrangig um Fäkalien, die russischen dagegen um Sexuelles drehen).

Vor allem bei Ausländerinnen führt das Damen-Tabu gelegentlich zu Missverständnissen. Wenn etwa ein russischer Mann in angeregter Runde mit weiblicher Beteiligung nach heftiger Diskussion plötzlich meint, er müsse wegen eines dringenden Bedürfnisses sofort nach draußen, so ist das »Bedürfnis« oft ganz anderer Art, als Nicht-Russinnen annehmen: nicht der Körper, sondern der unterdrückte Wortschatz drängt nach Befreiung. Auch der umgekehrte Fall ist überliefert: Auf den Einwand seiner Gattin »dann flüstere doch, wenn du es nicht mehr halten kannst«, hat schon so mancher Russe gereizt geantwortet, er wolle nicht etwa zum Fluchen nach draußen, sondern weil er tatsächlich auf die Toilette müsse.

Kinder als Renten-Ersatz

Der Ton war streng, ja unerbittlich. »Sascha, wie oft habe ich dir schon gesagt, du musst um diese Zeit ins Bett gehen! Leg dich jetzt hin.« – »Mama, bitte, ich bin kein kleines Kind mehr«, so die eher resignierte Widerrede. Sie blieb erfolglos: »Sascha, ich habe gesagt, du musst jetzt ins Bett.« Ich traute weder Augen noch Ohren, als ich vor vielen Jahren diese Szene erlebte. Ich war neu in Russland, und so konnte ich es nicht so recht verstehen, dass Anna Georgiewna, verdiente Veteranin und hoch in den Siebzigern, mit ihrem Sohn Alexander, knapp an die 50, wie mit einem kleinen Jungen sprach.

Heute weiß ich: Ehrfurcht vor den Eltern ist das Allerhöchste in Russland. Nicht immer geht das so weit wie bei meinem einstigen Zimmer-Vermieter Sascha, dem – um es höflich auszudrücken – auch in reifen Jahren noch die volle mütterliche Fürsorge zuteil wurde, zum Leidwesen seiner Frau. Die Mehrzahl der erwachsenen Russen bestimmt den Zeitpunkt für den Zapfenstreich und andere entscheidende Dinge im Leben durchaus eigenverantwortlich. Aber dennoch hat das Wort von Mama und Papa in der Regel hohes Gewicht. Kaum ein Russe, der seine Eltern nicht verehren würde wie ein Deutscher allenfalls seinen Lieblingssänger oder seine reiche Erbtante.

Ausländer, die sich mit Russen oder Russinnen liieren, wundern sich oft, dass sie auch noch eine Gratis-Zugabe bekommen: Papa und Mama, die aus dem Zweierbund eine Art Quartett machen. Über nichts scherzen die leidgeplagten Russen denn auch mehr als über ihre Schwiegermütter. Etwa: Eine Frau gibt bei der Polizei eine Vermisstenanzeige auf, weil ihr Mann verschwunden ist. Der Polizist: »Was sollen wir ihm mitteilen, wenn wir ihn finden?« Sie: »Sagen Sie ihm, dass meine Mutter es sich anders überlegt hat und doch nicht zu Besuch kommt.«

In der Realität kommt es nicht immer zu so einem »Happy End«: Bei einem Freund endeten alle romantischen Gefühle, als sich plötzlich die Mutter seiner Flamme mit im Liebesnest einquartierte; er zog aus. Kommt es zum Konflikt zwischen Eltern und Partner, entscheiden sich viele Russen für die Blutsbande – und die Scheidung.

Weitgehend traditionsfrei, wie wir Westler in Sachen Familie nun einmal sind, neigen wir in bilateralen Ehen zu bedenklicher Intoleranz: So ärgern wir uns selbst dann, wenn die Partnerin strammsteht, sobald sie mit Vater oder Mutter telefoniert. Mehr noch: Zuweilen sind wir gar ungehalten, wenn es der oder die Liebste selbst in den innigsten Momenten nicht übers Herz bringt, den elterlichen Anruf auf dem Handy ausnahmsweise nicht entgegenzunehmen. Das ist vor allem deshalb schwer nachzuvollziehen, weil russische Eltern sehr oft mit ihrem Kind sprechen. Sogar öfter, als sich der Präsident mit seinen Fernseh-Ansprachen ans Volk wendet, der ja auch eine Art Übervater ist.

Dabei ist nicht nur das Telefon ein potentieller Widersacher der partnerschaftlichen Harmonie: Als ich 1991 meinen ersten VW-Käfer nach Russland brachte und ihn pro forma auf meine Freundin anmeldete, stellte sich plötzlich der Papa meiner Herzallerliebsten in wenig romantischer Pose vor den Küchentisch: »Ich verstehe, dass Sie auch selbst mit dem Wagen fahren werden, deshalb werde ich mit Ihnen absprechen, wann ich ihn nutze.« Als mir nach diesem überaus großzügigen Angebot meine Freundin mit gutem Zureden über den ersten Schock hinweggeholfen und ich die Worte wiedergefunden hatte, kam es zu einem lautstarken Dialog. Der Vater meiner Freundin hatte am Ende nicht nur die Hoffnung verloren, mit Hilfe seiner Tochter stolzer Auto-Mitbesitzer zu sein – er muss auch den Eindruck bekommen haben, dass die Deutschen einfach keinen Respekt vor dem Wort der Eltern haben.

So ganz falsch liegt er damit nicht. Die Familienbande in Deutschland sind heutzutage eher lose, zumindest im Vergleich zu Russland. Der Bundesbürger setzt eher auf den Staat mitsamt Renten- und Pflegeversicherung denn auf den eigenen Nachwuchs. In Russland besteht die Altersvorsorge dagegen im Wesentlichen in den eigenen Kindern. Damit diese Versicherung auch funktioniert, impfen ihnen die Eltern quasi schon in den Windeln ein, dass sie allerhöchsten Respekt zu zeigen haben, der sich später auch einmal in Fürsorge auszahlen muss. Denn vom Respekt allein kann man nicht runterbeißen, wie mein Fotograf Igor sagt.

Das Geschäft beruht auf Gegenseitigkeit – es ist eine Art Generationenvertrag auf privater Basis. Klagen Deutsche schon mal vor Gericht gegen Kindergärten in ihrer Nachbarschaft, weil sie darin vor allem eine Lärmquelle sehen, sind Kinder in Russland eine Art Nationalheiligtum. Das bemerkt man schon bei der Einreise. Sogar die sonst eher grimmigen Grenzschützer am Flughafen beginnen plötzlich zu lächeln und lotsen einen schnell an der Warteschlange vorbei, wenn man mit einem kleinen Kind ankommt.

Selbst wildfremden Kindern kann ein anständiger Russe mit dem Herz am rechten Fleck kaum einen Wunsch ausschlagen. Die rabiate Marktfrau verwandelt sich schon mal urplötzlich in eine liebe Babuschka und verschenkt Schnuller. Ratschläge, wie man ein Kind richtig anzieht (und erzieht), bekommt man, vor allem im Winter, an jeder Straßenecke.

Doch die Kinderliebe hat ihre Kehrseite: Den Kleinen etwas zu verbieten gilt in der Regel weniger als Erziehung denn als Grausamkeit. Und so etwas ist gefälligst zu unterlassen. Während Mädchen noch auf ihre künftigen Pflichten in der Küche und beim Kinderkriegen vorbereitet werden, neigen die Russen traditionell dazu, Nachwuchs männlichen Geschlechts zu verhätscheln. Manche Soziologen führen diese Tradition darauf zurück, dass man sich früher angeblich sagte, Söhne würden ohnehin bald in irgendeinem Krieg fallen, und wenn ihr Leben schon so kurz sei, sollten sie deshalb verwöhnt werden. »Die meisten Männer bei uns kommen geistig nie aus der Pubertät heraus«, beklagt der Moskauer Soziologe Leonid Sedow: »Zuerst bemuttert sie die Mama, dann die Frau, später die Tochter. Viele lernen nie, Verantwortung zu übernehmen und selbständig Entscheidungen zu treffen.«

Tatsächlich funktionieren die Eltern auch für erwachsende Kinder als eine Art Vollkasko-Versicherung. Statt dem Numerus clausus sind im Russland Papa und Mamas Finanzmittel und Beziehungen entscheidend, wenn es um einen Studienplatz geht. Schreibt der Deutsche bei der Arbeitssuche Bewerbungen, geht zum Headhunter oder zur Arbeitsagentur, sind in Russland in der Regel die Eltern und Verwandten für die statusgemäße Jobvermittlung zuständig.

Westliche Unternehmer in Moskau wundern sich immer wieder, wenn sie durch Zufall dahinterkommen, wie viele ihrer Angestellten miteinander verwandt oder verschwägert sind. Zum Thema Vetternwirtschaft gibt es zahllose Witze: Warum kann ein Sohn von einem Offizier nur Offizier, aber nie General werden? Weil die Generäle auch Kinder haben.

Dabei ist der ABM-Papa oder die ABM-Mama noch nicht einmal die weitreichendste Variante der familiären Vollkasko-Versicherung. Weil sie ohnehin versorgt werden, wollen manche gar nicht mehr arbeiten – wie mein Vermieter Sascha. Er klagte stets über Gesundheitsprobleme und die schlechte Lage auf dem Arbeitsmarkt – und ließ sich von seiner Frau und seiner Mutter über Wasser halten: Letztere musste in den neunziger Jahren unter anderem an Metro-Stationen mit einem Bauchladen Klopapier verkaufen, damit sich ihr Sohn trotz Arbeitslosigkeit einen Videorekorder leisten konnte.

Ein russischer Kollege von mir verhätschelt seine Kinder stärker als jede Löwen-Mama: Er besorgt ihnen nicht nur die Arbeitsplätze. Er bezuschusst auch ihr ohnehin schon recht üppiges Gehalt, damit sie statt einem Toyota einen Mercedes fahren können. Vom Haustier, dessen sie überdrüssig sind, bis zum Enkelkind, das zu viel Arbeit macht, nimmt er – genauer gesagt seine Frau – ihnen alles ab, was ihre Bequemlichkeit einschränkt. Damit sie »ihre Jugend genießen können«, wie er sagt. Im Gegenzug wird er seinen verzogenen Kindern irgendwann später die Rechnung präsentieren: dass sie ihn im Alter genauso auf Vollpension setzen und verhätscheln wie er heute sie. Darauf ist er wie die meisten Russen auch angewiesen:

Die Renten reichen immer noch kaum für den Lebensunterhalt. Und die Altersheime in Russland sind so berüchtigt, dass es fast schon als Straftat angesehen wird, wenn jemand seine Eltern in eine dieser Einrichtungen ziehen lässt.

Eine Bekannte von mir ist jedes Wochenende auf der Datscha zwangsverpflichtet: Ihre Eltern bestehen darauf, mit dem Wagen durch den Dauerstau in ihr Landhaus gefahren zu werden – und zurück. Mit den Chauffeur-Diensten ist es nicht getan. Wenn nicht gerade das Dach oder die Wasserleitung repariert werden muss, ist im Garten etwas umzugraben oder zu ernten. »Weil wir auf das Gemüse aus dem Garten angewiesen sind«, lautet die offizielle Begründung der Eltern. Meine Bekannte kann das nicht mehr hören: »Ich zahle mehr fürs Benzin, als das Gemüse im Laden kosten würde. Ich träume davon, endlich mal ein Wochenende für mich zu haben oder gar mal in die Disco zu gehen. Aber ich kann meine Eltern doch nicht sitzen lassen.«

Als Deutscher kommt man angesichts solcher Erfahrungen natürlich ins Grübeln. Skeptiker sagen unserem deutschen Rentensystem ja eine düstere Zukunft voraus. Läge es da nicht nahe, bei der Altersversorgung auf das russische Modell zu setzen? Doch da tut sich eine schwierige Frage auf: Mit wie vielen Kindern ist man ausreichend versichert? Je länger ich über die Risiken und Nebenwirkungen wie Windelnwechseln, durchwachte Nächte und Familienzwist nachdenke, umso mehr entdecke ich die Vorzüge der deutschen Rentenversicherung …

DER AMTSSCHIMMEL

Kältefolter statt Strafzettel

Die Freude war reichlich naiv. »Sei froh, dass dein Auto nicht gestohlen wurde«, sagte ich Olga, die immer noch mit weit aufgerissenen Augen am Lenin-Prospekt stand und auf jene Stelle am Straßenrand starrte, an der sie eine Stunde zuvor ihren Wagen abgestellt hatte. Gut fünf Stunden später, mitten in der Nacht, am Ende der Welt oder zumindest Moskaus, und sicher ein paar Kilo ärmer, ertappte ich mich bei dem Wunsch, der Wagen wäre doch gestohlen worden.

Dabei hatte alles so feierlich angefangen. Olga ist ein aufsteigender Stern in Russlands Filmgeschäft, und sie hatte mich zur Premiere ihres neuesten Werks eingeladen. Weil nicht nur die Russen Meister im Feiern sind, sondern auch Zugereiste wie ich sich schnell anpassen, wollten wir den Abend gemütlich ausklingen lassen. So hatten wir es uns jedenfalls gedacht. Davon konnte aber keine Rede mehr sein, als wir aus dem »Piccadilly« am Lenin-Prospekt kamen: Von Olgas japanischer Kutsche, optisch eine Mischung aus Schneeräumgerät und Militärjeep, das sie selbst »flotten Schlitten« nennt, fehlte jede Spur.

Ein Mann mit einer an den Oberarmen stark spannenden abgewetzten Kunstlederjacke kam auf uns zu:

»Suchen Sie den Japaner mit dem Kennzeichen 50?«
Olga musterte ihn misstrauisch. »Der wurde gerade
abgeschleppt. Ich weiß wohin, ich kann euch zur Polizei bringen und helfen, alles zu erledigen.«

Russen sind generell ein temperamentvolles Volk,
Olga ist jedoch selbst für russische Verhältnisse ausgesprochen heißblütig. So konnte ich in den folgenden
dreißig Sekunden fast meinen gesamten Schimpfwortschatz im Zeitraffer auffrischen.

»Verdammt, wie konnte jemand die Karre abschleppen, wenn hier nirgends Verbotsschilder stehen«,
waren ihre ersten wieder druckreifen Worte. »Die
Schilder stehen um die Ecke und hinter der Trolleybus-Haltestelle, sehen kann man sie wirklich nicht«, sagte
der Bizepsgigant mit einem breiten Lächeln. »Wenn
ihr mir nicht glaubt, könnt ihr gerne die Polizei anrufen – die Telefonnummer ist 5041724; aber die wird
euch nichts anderes sagen.«

Das taten wir: Am anderen Ende dudelte eine Endlosschleife ohne Unterlass. Der »Kulturist«, wie man
Muskelpakete in Anlehnung an das Wort »Fiskultura« – Körperkultur – nennt, unterbrach barsch:
»Beeilt euch, wenn wir nicht gleich losfahren, wird es
riesige Schlangen geben bei der Polizei. Für 3000 Rubel fahre ich euch hin.«

3000 Rubel sind 85 Euro, und entsprechend lang
war Olgas Schwall von Schimpfwörtern, unter denen
als einzig halbwegs anständige die Worte »Mafia« und
»Komplize« positiv hervorstachen. Plötzlich drehte sie
sich um und schaltete binnen Sekundenbruchteilen auf
Engelszunge und Feenlächeln um: »Boris, begleitest du
mich? Allein ist es mir nicht geheuer!« Es gibt romantischere Vorstellungen, als die Nacht mit einer Frau auf

einem Polizeirevier zu verbringen – doch wer könnte eine Dame allein in so eine nächtliche Schlacht ziehen lassen? Auch wenn mir schon Stunden vor dem Morgengrauen dämmerte, dass ein Auftritt als Kavalier in der russischen Realität so unbequem und gesundheitsgefährdend ist wie das Tragen einer Ritterrüstung beim Schwimmen.

»Ihr seid Glückspilze«, sagte der schwer einzuschätzende Menschenfreund und schickte seinen verschlammten Lada, dessen Farbe unter den Schmutzschichten nicht mehr zu erahnen war, in den Kampf mit den Gesetzen der Trägheit: »Es ist erst kurz nach 10 Uhr, da sind die Schlangen bei der Polizei noch nicht so lang. Wenn man später kommt, muss man sechs Stunden warten, manchmal auch neun. Manchmal schleppen die auch Autos einfach so ab, wenn sie gar nicht im Parkverbot stehen. Ich bin Fachmann, ich mache jede Nacht zwei bis drei Touren.« Ich überschlug schnell im Kopf, auf was für einen Lohn er es mit seiner Mischung aus Schieberei, Taxi-Fahrten und Rechtsberatung so bringt. Olga schaute ihn nur mit offenem Mund an. Ihr blieben wohl die Schimpfwörter im Hals stecken.

Stellt die Polizei im Westen etwaigen Falschparkern lediglich harmlose Strafzettel aus, so haben sich die Wegelagerer, wie die Ordnungshüter in Russland bisweilen garstig genannt werden, ein ausgeklügeltes Umerziehungsprogramm einfallen lassen. Die fürs Abschleppen zuständige Polizeistation liegt im tiefsten Südosten der Stadt – in dem berüchtigten Stadtviertel »Petschatniki«, einer Betonwüste hinter dem städtischen Frauengefängnis. Damit es sich der Falschparker in Zukunft garantiert zweimal überlegt, wo er seinen Wagen abstellt, sind die abgeschleppten Autos nicht etwa hier auch geparkt – sondern auf »Strafparkplätzen« an den abgelegensten Orten der ganzen Stadt.

Ein Parksünder bekommt dadurch gleich eine Lektion in praktischer Heimatkunde vermittelt: Zuerst wird er zum Strafparkplatz geschickt, um die Dokumente aus dem Auto zu holen. Damit muss er dann zur Polizei, um die schriftliche »Ausfahrerlaubnis« zu erhalten, und damit dann wieder zum Strafparkplatz – mit etwas Glück bleibt es bei drei kompletten Stadtdurchquerungen. Mit etwas Pech bekommt man eine falsche Auskunft und darf noch öfter durch Moskau irrlichtern.

Wir erwiesen uns als besondere Glückspilze: Olga hatte ihre Papiere in der Handtasche, wir mussten also nicht erst zum Strafparkplatz, um sie dort aus dem Wagen zu holen, sondern konnten direkt zur Polizei. Insofern war es wohl nur fehlende Demut vor dem unergründlichen Ratschluss der Moskauer Verkehrsverwaltung, dass ich nicht sofort erleichtert aufatmete, als unser vertrauensseliger Chauffeur uns nach diversen Nachtstaus und zahllosen Schlaglöchern irgendwann nach 23 Uhr bei der Polizeistation absetzte.

Davor standen Biotoiletten – weiß-blaue Plastikhäuschen ohne Anschluss an die Kanalisation und Wasser, die nicht etwa so heißen, weil sie umweltfreundlich wären, sondern eher, weil die Exkremente darin – so die Reklame – »biologisch« zersetzt werden und – so die Fakten – bestialisch stinken. Gemeinsam mit einer Ansammlung von Würstchenbuden und Kiosken zeugten diese Plastik-Stinkbomben davon, dass sich der Ort bei den Moskowitern wenn auch nicht großer Beliebtheit erfreut, so doch immerhin sehr gut besucht ist. Es herrschte überall geschäftiges Treiben wie zu Sowjet-Zeiten, wenn plötzlich und unerwartet die Mangelware Klopapier angeliefert wurde und sich lange Warteschlangen vor dem Geschäft bildeten.

Wir hatten die Qual der Wahl zwischen Kälte- oder Nasenschock: Die eine Warteschlange stand in der eisigen Moskauer Dezember-Nacht vor einem Metall-Container, einer Art mobilem, ausgelagerten Polizei-Büro. Offenbar wurden allabendlich so viele Wagen abgeschleppt, dass der Platz für die Parksünder in dem Behördengebäude selbst nicht reichte.

Dort, direkt nebenan, ist die andere Warteschlange zu finden, in einem schlecht beheizten, winzigen Warteraum mit den Duftnoten Schweiß, Parfüm und Zigaretten im Angebot. Olga und ich entschieden uns für die warme Variante – die Schalter im Hauptgebäude. Die Situation erinnerte an die Besucherräume in Haftanstalten, wie man sie aus US-Filmen kennt. Alle fünfzehn Minuten gingen zwei winzige Metallfensterchen auf, und tiefe Männerstimmen brüllten etwas Unverständliches. Die Schalterfenster waren so tief, dass sich die größeren Kunden nur in gebückter Haltung mit den Beamten dahinter unterhalten konnten. Von außen konnte ich durch die Jalousien einen Blick in das Allerheiligste erheischen: Zwei Polizisten saßen im Warmen, rauchten oder schlürften Kaffee, um zwischenzeitlich hin und wieder mit dem Arm des Gesetzes Buchstaben auf Papier zu malen.

Mehr als zwanzig Leidensgenossen waren vor uns in der Schlange. Bei 15 Minuten pro Fensteröffnung und zwei Fenstern bedeutete das nach meinen Berechnungen mehr als zweieinhalb Stunden Wartezeit. Er persönlich könne nichts dafür, sagte unser 3000-

Rubel-Fahrer Alexander, an allem sei die Demokratie schuld: »Das ist alles wegen der Wahlen am Sonntag, da gibt es ständig Prüfungen und Inspektionen. Bis vor kurzem konnte man gegen Bestechungsgeld hier alles beschleunigen, und in Kürze wird es wieder so sein. Aber wegen der Wahlen haben alle Angst. Das hat man nun von der Demokratie!«

Die Warteschlange wurde immer länger. »Gut, dass ihr so früh dran wart. Wer jetzt kommt, steht fünf bis sechs Stunden«, sagte Alexander tröstend. Für die 3000 Rubel hatte er uns nicht nur hergebracht – offenbar ist der Preis »all inclusive«, und die psychologische Erste Hilfe, oder der »moralische Beistand«, wie es die Russen nennen, ist inbegriffen. Wenn schon Russki extrem, dann mit Voll-Betreuung.

Beim Schlangestehen lässt sich viel erleben und die Willkür der Bürokraten gut studieren: Ein junger Mann im T-Shirt kommt bibbernd durch die Tür ins Freie. Er war nur kurz ausgestiegen, um ein Parfüm für seine Freundin zu kaufen – und schon war der Wagen mitsamt seinem Pullover und der Jacke weg, so erzählt er. Wenig später klopft ein Mann, frisch angekommen und ohne in der Schlange gestanden zu haben, von außen wild an die Tür des Containers. Die Polizisten öffnen, er hält ihnen irgendeinen Dienstausweis vor die Nase. Die ganze Schlange sieht zu, und keiner sagt etwas. Kurz darauf bekommt er seine Papiere ausgehändigt. Rechtsstaat ist, wenn der recht hat, der den richtigen Ausweis hat. Und sich keiner darüber aufregt. Wozu auch die Nerven zusätzlich strapazieren, sie haben es schwer genug.

Aufzuregen scheint die Menschen in der Warteschlange nur eines: dass ich mich aufrege und leise vor mich hin fluche. Auf meine Frage, warum alles so schlecht organisiert ist, meint einer der Parksünder verärgert: »Hast du geglaubt, du kannst falsch parken und dann auch noch dein Auto gleich zurückbekommen? Ha!« Dass es in Deutschland nur ein Strafzettel geworden wäre. Dass die Polizei bei uns nur abschleppen darf, wenn eine Ausfahrt blockiert ist oder schwerwiegende Gründe vorliegen, halte ich dem treuen Russen entgegen. »Alles westliche Propaganda-Märchen«, sagt einer in der Schlange.

Olga scheint meine Nervosität derart zu amüsieren, dass sie sogar den Männern in Uniform etwas Putziges abgewinnt: »Boris, warum regst du dich auf, da hast du wenigstens was zum Schreiben für deine Geschichten, das ist doch witzig hier!« – »Vor allem für einen überzeugten Metro-Fahrer und Automuffel wie mich«, gifte ich zurück.

Gegen 2.10 Uhr dann ein Scheppern: Die kleine Himmelspforte öffnet sich für Olga. »Dokumente her!« Erneutes Scheppern, Fensterchen zu. Um 2.30 wieder Scheppern. »Hier!« Olga hält den Entlassungsschein für ihren Wagen in der Hand wie einen Lottozettel mit sechs Richtigen. Und weiter geht die Reise, durch die halbe Stadt, zum Strafparkplatz.

Das Ziel ist in Sichtweite. Olga streckt unserem Fahrer die 3000 Rubel hin und lacht zum Abschied bitter: »Ich sollte umsatteln. Die Abschlepp-Mafia ist viel lukrativer als die Filmbranche.« Die offizielle Strafe beträgt zwar nur rund 300 Rubel, knapp 10 Euro. Den Reibach bringen die Bestechungsgelder und die »Prozente«, die Fahrer wie Alexander ihren Komplizen bei den Behörden und Abschleppfirmen abliefern müssen.

Olga klingelt an der Tür eines riesigen Metallzauns. Ein Hund bellt. Ein schlaftrunkener Polizist öffnet. Mich hält er am Arm fest: »Hier darf immer nur einer rein!« Kurz nach 3 Uhr kommt es hinter dem Zaun zur glücklichen Wiedervereinigung zwischen Olga und ihrem Auto. Als sie mit ihrem viel zu hohen Jeep, hinter dessen hohem Steuer sie kaum auf die Straße herausblicken kann, durch das Tor des Strafparkplatzes vorfährt, lacht sie: »Siehst du, Boris, wir brauchen bei uns gar keinen Film zu drehen, das Leben hier ist viel absurder als jede Film-Komödie.« Ich grinse gequält: »Ja, aber ich kann Slapstick besser genießen, wenn er auf der Leinwand stattfindet und ich im Sessel sitze und Popcorn esse.«

Kein Befehl zum Retten

Verzweifelt flehte die alte Frau den Wachmann mit blauer Uniform neben der Eingangstür an: »Meine Wohnung steht unter Wasser, tun Sie doch was!« Der Vorschlaghammer von einem Mann schaute verlegen zur Seite: »Ich habe keine Anweisung von oben.«

Es muss gegen Mitternacht gewesen sein, und ich hatte noch im Büro zu tun. Die Familie in der Wohnung nebenan hat vor dem Weggehen vergessen, das Wasser im Bad abzustellen – in der 16. Etage. Prompt rauschte der Wasserfall von Stockwerk zu Stockwerk. Der Wachmann hatte zwar einen Schlüssel zum Speicher und hätte problemlos den Haupthahn abdrehen können. Aber unser Büro sitzt in einem Ausländer-

Haus: Unser Vermieter ist die »Diplomaten-Wohnungsverwaltung« des Außenministeriums, kurz UPDK – was das beherzte und eigenmächtige Handeln eines kleinen Wachmanns unmöglich macht.

Die Erforschung der UPDK wäre eine Fundgrube für jeden Politikwissenschaftler: Anhand dieser Organisation kann man nachvollziehen, warum die Sowjetunion zusammenbrach. Selbst Faxe brauchen bei der UPDK wochenlang, bis sie den Empfänger erreichen. Die Hauptarbeit der Beamten dort scheint darin zu bestehen, sich nicht am Arbeitsplatz blicken zu lassen und die maximal mögliche Entfernung zum nächsten Telefon einzuhalten. Noch mehr als die Kommunisten die Börse scheinen sie es zu fürchten, irgendwelche Entscheidungen treffen oder gar irgendetwas unterschreiben zu müssen – allein der Gedanke daran löst beim Sachbearbeiter offenbar einen Fluchtinstinkt oder die sofortige Erkrankung aus. Kurzum – unser Wachmann war keine Ausnahme, und so traute er sich nicht an den Wasserhahn: Dazu bräuchte er die Genehmigung von seinem Chef, sagte er uns – und der Chef ginge nicht ans Telefon. Und das Wasser floss und floss …

Ein Nachbar nach dem anderen kam verzweifelt herunter zur »Budka«, dem Bretterverschlag, hinter dem der Wachmann seinen Dienst schiebt. Das Wasser war jetzt schon im 14. Stock. Ich fasste mir ein Herz, griff zu meinem Handy und rief den Städtischen Notdienst an. Jetzt endlich wurde die Diensthabende, die neben dem Wachmann sitzende »Concierge«, aktiv (es müssen immer zwei Amtspersonen anwesend sein, offenbar, damit sie sich gegenseitig bewachen können). Sie rief nun ihrerseits beim Notdienst an, allerdings in anderer Mission: »Es handelt sich um ein Haus der UPDK, Sie haben kein Recht zu kommen«, blaffte sie in die Leitung. »Wir haben hier eigene Notdienste!« Offenbar sollten die Abhörwanzen des Geheimdienstes im Haus nicht fremdem Personal in die Hände fallen, witzelte ein afrikanischer Diplomat, während seine Wohnung gerade im Wasser versank. Inzwischen waren auch schon die Nachbarn aus dem 10. Stock da.

Die nächtliche Szene ist kein Einzelfall: So entwickelte sich etwa der Brand im Moskauer Fernsehturm im August 2000 vor allem deshalb zur Katastrophe, weil sich niemand befugt fühlte, den Strom abzuschalten. Weder der Feuerwehrkommandeur vor Ort noch sein Chef, Moskaus oberster Löschmeister, weder Turm-Verwalter noch Bürgermeister und noch nicht einmal der zuständige Minister trauten sich, den Schalter umzulegen: Weil der Stromstopp nicht nur den Brand eingegrenzt hätte, sondern auch das TV-Programm von den Bildschirmen verschwunden wäre, wollte niemand die Verantwortung übernehmen – und sich den möglichen Zorn des Präsidenten zuziehen. Erst als mit großer Verspätung das Okay aus dem Kreml kam, ließ die Feuerwehr endlich den Strom abschalten – doch da stand der Fernsehturm schon in Flammen.

Bei uns im Haus war inzwischen der achte Stock überflutet. Ich fragte mich, wozu die Wachleute da sind. Sollen sie uns bewachen – oder nur überwachen? Was würden sie bei einem Brand machen? Wäre es ihre Aufgabe, darauf zu bestehen, dass keine Feuerwehr kommt? Wäre es nicht doch sinnvoller gewesen, die Büroräume in einem ganz normalen Moskauer Haus zu mieten – ohne Bewachung? Aber das hätte das vorgesehene Budget wohl gesprengt – denn auf dem freien Markt sind die Mieten so hoch, dass die glücklichen Eigentümer wohl nur noch zum Spaß oder aus reiner Neugierde arbeiten. Eine Zwei-Zimmer-Wohnung im Zentrum kostet schon mal 2000 Euro.

Zigtausende Moskowiter, die zu Sowjet-Zeiten meist noch kostenlos eine gute Wohnung zugeteilt bekamen und sie dann in den neunziger Jahren ohne Aufzahlung privatisieren durften, quartieren sich deshalb heute selbst bei Verwandten oder auf der Datscha ein, um sich mit der Weitervermietung ihrer Wohnung eine goldene Nase zu verdienen. Selbst wenn sie dadurch nur ein klappriges Feldbett und begrenzten Zugang zum Kühlschrank oder anderen Errungenschaften der Zivilisation und der Sanitärtechnik haben, sind sie doch Besserverdienende. Außer zum Geldzählen brauchen sie keinen Finger zu rühren.

Weil meist bar und schwarz gezahlt wird und Verträge in Russland in der Regel offenbar nur dazu da sind, um nicht eingehalten zu werden, haben die Mieter nicht viel zu sagen. Dass der Vermieter ungebeten zu Besuch kommt, gehört noch zu den geringeren Problemen. Ungemütlich wird es, wenn er plötzlich die Miete verdreifachen will oder einen einfach vor die Tür setzt.

Bei den Sowjet-Nostalgikern von der UPDK ist eine Zwei-Zimmer-Wohnung »schon« für 800 Euro zu haben. Dafür kostet jede Kleinigkeit extra. Selbst für die Satellitenschüssel ist eine »Miete für einen Befestigungsplatz« an der Außenwand der Wohnung zu zahlen; ein Wunder, dass man Bilder an die Wand hängen darf, ohne für den Nagel extra Miete zu berappen. Die Gesetzlosigkeit auf dem freien Wohnungsmarkt will die UPDK offenbar auf ihre Art ausgleichen. Pünktlich zum Jahresbeginn bekamen wir eine riesige Liste der Unterlagen, die zur Verlängerung des Mietvertrages vorzulegen sind. Allein das Durchlesen war eine Qual: vom Gründungsdokument des Arbeitgebers mitsamt Handelsregisterauszug aus dem Heimatland und dem Beschluss über die Eröffnung einer Vertretung in Moskau über die Genehmigungen des Außenministeriums und der russischen Handelskammer sowie dem Beschluss über die Ernennung des Leiters der Vertretung und die Vollmacht zum Unterschreiben des Mietvertrags inklusive Beglaubigung im Heimatland und deren notariell beglaubigter Übersetzung bis hin zu einer Bankauskunft, dem Steuernachweis, dem Eintrag ins staatliche Zentralregister und der anschließenden Registrierung des Vertrags beim Justizministerium. Uff, dafür würde ich geschätzte fünfundsiebzig Telefonate führen und Unmengen von Dokumenten beschaffen müssen, von denen ich nicht einmal wusste, dass es sie gibt.

Ich wunderte mich, dass nicht auch noch eine eidesstattliche Versicherung meiner Hebamme über meine ersten Lautäußerungen nach meiner Geburt und eine beglaubigte Abschrift meiner Zahnarzt-Akte mit Registrierung bei der Zahnärztekammer und Kontoauszug meiner Krankenkasse benötigt wurden. Das einzige Glück: Die Strenge der russischen Gesetze wird dadurch kompensiert, dass man sie nicht unbedingt einhalten muss, wie der russische Satiriker Michail Saltykow-Schtschedrin schon im 19. Jahrhundert bemerkte. So habe ich bis heute kein einziges Dokument vorgelegt – und arbeite weiter in meinem Büro. Russki extrem bedeutet eben auch, dass sich Ignoranz im

Zweifelsfall auszahlt und man den Bürokratie-Wahnsinn einfach dadurch erträglich machen kann, dass man ihn nicht ernst nimmt. Nur ein Deutscher kann auf die entsetzliche Idee kommen, alle Gesetze und Regelungen wörtlich zu nehmen. Ein fataler Fehler: Denn sie sind schließlich nicht für Deutsche gemacht, sondern für Russen, und deshalb müssen sie viel strenger klingen, als sie gedacht sind.

Überhaupt nimmt es die UPDK nicht so genau mit Vorschriften, solange der Rubel rollt: So stehen auf unserem bewachten Parkplatz offenbar die Luxuswagen der Mafia-Bosse der gesamten Nachbarschaft – weswegen auch die Besucherplätze ständig belegt sind und meine Gäste sich einen Parkplatz in den überfüllten Nachbarstraßen suchen müssen. Doch die UPDK sorgt auch auf andere Art dafür, dass niemandem langweilig wird: Selbst über die Radioaktivitätswerte im Treppenhaus müssen die Diensthabenden Buch führen.

In einem akuten Notfall hilft die Überwachung allerdings wenig. Im Gegenteil. Das Wasser kämpfte sich immer weiter Richtung Erdgeschoss durch. Ein Einsatztrupp sei inzwischen unterwegs, versicherte der Wachmann. Die Nachbarn rauften sich die Haare.

Der Gerechtigkeit halber muss aber betont werden, dass es manchmal auch seine guten Seiten hat, dass der Amoklauf einer entfesselten Bürokratie alles ausbremst. So bekam ich vor einem halben Jahr die Nachricht, dass die Miete fast verdoppelt werde. Doch den Worten folgten – wie meistens – keine Taten. Es gilt nach wie vor der alte Preis.

Igitt, Wurst fürs Volk

Blicke in fremde Welten sind mitunter schlecht für die Nerven. Ausgerechnet in Himmelsnähe muss mich der Teufel geritten haben – dass ich irgendwo über den Wolken zwischen Moskau und Minsk plötzlich den Vorhang lüftete, der die altgediente Tupoljew in der Mitte teilte. Die bittere Lehre: Ein schlichtes Stück Tuch kann zuweilen ein Schlagbaum sein – und dazu führen, dass sich ein Glücksgefühl in mürrisches Nörgeln verwandelt. Aber der Reihe nach: Ich saß zwischen den Ellenbogen meiner Leidensgenossen zur rechten und linken Seite eingeklemmt, bedrängt durch einen Vordersitz, der mir fünf Zentimeter näher war als meine Knie. So hockte ich in Yoga-Position auf meinem Platz, durch den sich wegen des durchgesessenen Polsters spitze Metallteile wie ein Nagelbrett in meine Hinterteil zu bohren drohten: Endlich wusste ich, wie sich ein Fakir auf Abwegen fühlen muss.

Trotz der misslichen Lage war ich froh. Es war ein Glücksfall, dass ich überhaupt ins Innere dieses Luftfahrt-Veteranen hatte vordringen können. In vorletzter Sekunde hatte ich das allerletzte Ticket der vermeintlich ausgebuchten Maschine ergattert. Doch ich wurde eines Besseren belehrt, als ich den roten Vorhang lüftete. Mit einem Mal spürte ich den Schmerz in meinem leidgeprüften Hinterteil viel stärker: Das Vorderteil der Maschine war so gut wie leer. In den ersten 13 Reihen unserer Tupoljew verlor sich ein knappes Dutzend älterer Herren – ein Mann pro Sitzreihe, also sage und schreibe sechs Sessel pro Person. Das reinste Paradies auf Erden, in dem man einfach die engen Armlehne nach hinten wegklappen und die Füße ausstrecken kann und sich fast fühlt wie in der freien Natur. Von den Kaviarhäppchen und dem Sekt, den es noch als Dreingabe gab, gar nicht zu reden. Wer nun glaubt, die Herren hätten für ihre Extrawurst auch den sechsfachen Preis bezahlt, ist naiv – eher flogen sie gratis.

Hastig zog die Stewardess den Vorhang wieder zu: »Das ist eine offizielle Delegation!« Und wie dieses rote Tuch in dem Flieger trennt zwanzig Jahre nach dem Beginn der Perestroika in der früheren UdSSR immer noch ein unsichtbarer Vorhang die Nomenklatur von den gewöhnlichen Sterblichen – oder die »Dickärsche« und »Blutegel« (Volksmund) vom »Pöbel« oder der »Masse« (O-Ton Nomenklatur).

Vom Fliegen und Autofahren übers Verarzten und Übernachten bis hin zum Geldverdienen und dem Strafgesetzbuch: Niemand, der sich zur Kaste der höheren »Apparatschiks« und des neuen Geldadels zählt (allzu oft sind beide identisch), käme auf die Idee, sich mit Iwan Normalverbraucher auf eine Stufe zu stellen oder gar – Gott behüte!! – in eine Warteschlange.

Quasi als Neujahrsgeschenk an seinen Apparat vergrößerte einst Präsident Putin per Ukas den Personenkreis der Extrawürste. In der ersten Klasse und auf der Überholspur durchs Leben reisen dürfen künftig selbst einfache Abteilungsleiter in ausgesuchten Ämtern und Gerichten.

Muss der schlichte Bürger in Russland für die meisten Operationen selbst bezahlen, so wird der vom Dienst am Volke gebeugte Staatsdiener umsonst in Elite-Kliniken behandelt. Von den schweren Amtsgeschäften erholt er sich kostenlos in Staats-Datschen und Sanatorien – wenn er nicht seine eigene Villa am Mittelmeer vorzieht.

Vorfahrt im Leben haben sogar die Verwandten der herrschenden Kaste. Hochrangige Staatsdiener scheinen den Erfolg in den Genen zu haben, weshalb sie bevorzugt Wunderkinder in die Welt setzen. In jugendlichem Alter, in dem viele Deutsche noch an der Uni schwitzen, haben etliche Söhne und Töchter der Mächtigen schon Chefsessel in der Wirtschaft erklommen. Auch die Ehefrauen der Politiker bringen es zu Millionen mit Geschäften, die – welch Zufall – in den Zuständigkeitsbereich des Gatten fallen: wie die Frau des Moskauer Bürgermeisters, die es mit Immobilien zu einem Milliarden-Vermögen gebracht hat. Ein Schelm, wer da an Vetternwirtschaft denkt.

In ihrem Leben auf der Überholspur sind die »oberen Zehntausend« auch gegen die Justiz gefeit. Als etwa der Sohn des damaligen Verteidigungsministers Sergej Iwanow trotz roter Ampel auf einem Zebrastreifen eine Fußgängerin zu Tode fuhr, legten die Ermittler offenbar großen Eifer an den Tag – um den Minister-Sohn reinzuwaschen. Die einzige Journalistin, die einen kritischen Fernseh-Bericht über den Fall wagte, wurde vom Bildschirm verbannt. Keine Strafe bekam dagegen der Ministersohn: Die Staatsanwaltschaft stellte einfach die Ermittlungen ein, er musste nicht mal vor Gericht.

Das Volk hält still, weil es in den gleichgeschalteten Medien wenig über die Privilegien der Oberklasse erfährt – zumindest über die im eigenen Land. Stattdessen wird hartnäckig das Gerücht gestreut, auch die Politiker im Westen nutzten die Macht schamlos zu ihrem Vorteil. Schlechte Beispiele liefern deutsche Politiker tatsächlich zur Genüge. Nur fügt man in Russland nicht hinzu, dass es sich etwa bei Dienstflügen zum Baden nach Mallorca à la Scharping doch eher um die Ausnahme als die Regel handelt und der Ertappte – nicht zuletzt wegen der vierten Macht, der Presse – mit Bestrafung oder Ansehensverlust rechnen muss.

»Wir hatten eine Diktatur des Proletariats, jetzt haben wir eine Diktatur der Apparatschiks«, klagte noch kurz vor seinem Tod 2005 Alexander Jakowlew, einer der Väter der Perestroika. Die Methoden haben sich geändert, das System kaum: Schon zu Sowjet-Zeiten war es für viele Parteibonzen eine ekelerregende Vorstellung, »von der Wurst zu essen, die fürs gemeine Volk bestimmt ist« – was in Russland inzwischen sogar zum geflügelten Wort wurde.

Auf meinem sogar Tierschutz-Bestimmungen zuwiderlaufenden Legehennenbatterie-Platz über den Weiten des heiligen Russlands sind mir inzwischen die Füße eingeschlafen, und dennoch bin ich am Träumen. »Man müsste einfach diese Apartheid ›à la russe‹ aufheben und die ganzen Bonzen behandeln wie normale Menschen – dann würden sie anfangen, etwas zu verändern. Als ersten Schritt könnte man sie zu uns nach hinten versetzen. Nach zwei Stunden in Fakir-Haltung würden sie nach der Landung als erste Amtshandlung dafür sorgen, dass man in den Sitzen auch sitzen kann.«

Mein Traum endet beim Aussteigen in Minsk: Ich muss hinter der Gangway eine Ewigkeit in dem eiskalten, uralten Bus warten, der uns zum Flughafengebäude bringt. Die etwas »gleicheren« Fluggäste sind längst in einem komfortablen Kleinbus davongebraust. Noch bevor ich in die Warteschlange vor der Passkontrolle komme, werden sie wohl schon ihren

Willkommensdrink im VIP-Bereich genießen. Und ich dachte früher, all die Politiker und Bonzen lügen, wenn sie behaupten, der Lebensstandard sei doch inzwischen auf West-Standard! Ihr ganz persönlicher liegt sicher drüber.

Leben im Glashaus

»Auf eines kannst du dich verlassen: Ich besuche dich nie wieder!« Statt der landesüblichen Umarmung hatte meine Freundin Jelena nur böse Worte für mich übrig, als ich sie zur Begrüßung an der Türschwelle empfing: »Verdammt, das ist ja wie bei Big Brother bei dir im Haus!« »In Zukunft treffen wir uns nur noch bei uns!«, fuhr sie erregt fort, bevor ich ihr eine Frage stellen konnte.

Nach einer Schrecksekunde merkte ich, dass ihre kaum verhüllten Kutscherflüche mir nur indirekt galten. Ihr eigentliches Zornobjekt waren die Wachleute unten im Hof. Denn um ein Haar wäre ihr Besuch bereits bei den uniformierten Herren zu Ende gegangen.

Aber alles der Reihe nach: Um näheren Zugang zu solch gefährlichen Subjekten wie einem Auslandskorrespondenten zu bekommen, muss der normalsterbliche Russe nach einer Zeit fahrlässiger Freizügigkeit im neuen starken Staat inzwischen wieder Farbe bekennen – oder genauer gesagt seinen roten Pass vorzeigen. Eben den hatte Jelena aber nicht dabei, und so zog sich der sicherheitspolitische Präzedenzfall hin. Und zog sich und zog sich …

Jelena froren fast die Füße ab im Frost, bevor ihr endlich der rettende Geistesblitz kam: Sie zückte ihren Dienstausweis vom russischen Fernsehen. Der sieht zumindest in der Abenddämmerung halbwegs offiziell aus (und gleicht wohl auch den kleinen, roten Geheimdienst-Ausweisen). Jedenfalls nahmen die Wachleute Haltung an und gaben den Weg frei.

Die Passkontrolle am Eingang meines gesicherten und umzäunten Ziegelstein-Wohnsilos sei eine Anweisung von oben, offenbarte mir auf Anfrage später der Hausverwalter von der Diplomaten-Wohnungsverwaltung. »Alles nur zu Ihrer eigenen Sicherheit, die Daten werden ›konfidenziell‹ behandelt« – ein Wort, das ebenso gut vertraulich wie geheim bedeuten kann. Wenn ich meine Gäste selbst am Einfahrtstor abholen würde – was jetzt im Winter einer besonderen Schikane gleichkommt –, könne man darauf verzichten, ihre Passdaten zu notieren.

Die Überwachung ist längst nicht mehr auf Ausländer beschränkt. Moskaus Stadtregierung führt jetzt die »Starschije« – ehrenamtliche Blockwarte – wieder ein: besonders vertrauensselige oder aus UdSSR-Zeiten verdiente Mieter. Beobachten sie etwas Verdächtiges, müssen sie es sofort der Polizei melden. Wer besonders fleißig ist, führt über jeden Bewohner ein Dossier. Auf die Frage, wen sie denn für verdächtig hält, antwortete mir eine der Aufpasserinnen, die jede Bewegung im Haus durch den Türspion kontrolliert: »Alle, die kaukasisch aussehen.«

Unter Boris Jelzin mussten wir Ausländer uns vom Staat links liegengelassen fühlen – genauer gesagt vom Geheimdienst, von Aufpassern und Spitzeln. Inzwischen schenken uns die Behörden wieder Aufmerksamkeit – erst recht den Journalisten. Schon kurz nach Wladimir Putins Amtsantritt im Jahr 2000 warb der Geheimdienst alte Mitarbeiter wieder an, die unter Jelzin in die Privatwirtschaft abgewandert waren: Man brauche wieder neue »Kader mit Fremdsprachen« zum Überwachen und Abhören, offenbarte mir einst ein Ex-Offizier nach einigen Gläsern Wodka.

Amtspersonen sollten auf Anweisung Putins den Kontakt mit Ausländern meiden, wenn er nicht dienstlich bedingt war. Und das Wort des Ex-Staatschefs hat Gewicht: Tatsächlich machen sich einige meiner alten russische Freunde inzwischen auffällig rar. Am Telefon spricht in Moskau kaum noch jemand über heikle Informationen. Für vertrauliche Gespräche verlässt man die Wohnung oder das Büro; ist es draußen zu kalt oder hat man Eile, spricht man über das Wetter und schreibt sich das, was man sich eigentlich sagen will, auf Zettel, die man einander zuschiebt.

Anders als zu Sowjet-Zeiten kann man allerdings im Privaten ungeniert seine Meinung sagen und die Politik des Kreml kritisieren. Noch. Denn 2004 beriet das Parlament über ein neues Gesetz – wobei »berät« der falsche Ausdruck ist, weil in der Duma statt Volksvertretern in der Mehrzahl treue Befehlsempfänger des Kreml sitzen, die ihre Hand immer dann zur Abstimmung heben müssen, wenn es sich der Kreml wünscht.

Diese Duma plante ein Einreise-Verbot für Ausländer, die Russlands Ansehen im Ausland gefährden oder sich respektlos über das Land und seine Staatsorgane, also auch den Präsidenten, äußern. Gott sei Dank ist aus dem Gesetzentwurf bislang nichts geworden, er wurde zwar lautstark diskutiert, verschwand dann aber eher geräuschlos in der Versenkung Aber selbst wenn er doch noch Realität wird, habe ich keine Angst: Mit einem so sympathischen und durch und durch positiven Buchtitel wie diesem werde ich sicher eher für einen patriotischen Preis für Ausländer vorgeschlagen …

Führerschein gegen Vorkasse

Früher dachte ich, es läge an ungesundem Misstrauen und einer Portion übertriebener Skepsis, dass ich nie großes Vertrauen in die Fahrkünste meines Freundes Wlad hatte. So virtuos Wlad, ein exzellenter Kameramann, alle Fragen des Blickwinkels und der Beleuchtung beherrscht, so wenig ruhmreich waren seine Künste am Steuer. Die Freude an seinem ersten Auto währte nur wenige Stunden – weil er es sodann derart heftig mit einem anderen Wagen bekannt machte, dass eine mehrtägige, grundlegende Reparatur notwendig war. Auch das Wiedersehen war nicht von Dauer – die nächste »Avaria«, so das russische Wort für Unfall, folgte auf den Fuß.

In fast schon sträflicher Naivität dachte ich, Wlad sei einfach mehr zum Drehen von Filmen geboren als zum Führen von Kraftfahrzeugen. Bis er sich vergangene Woche ein Herz fasste und mich, nach fast anderthalb Jahrzehnten Freundschaft, einweihte in die geradezu tragikomische Beziehungsgeschichte, die hinter seinem nicht immer vorbildlichen Umgang mit des Menschen bestem Freund, dem Automobil, steckt.

Wlad ist ordnungsliebender als die meisten Deutschen, die ich kenne, und so stellte sich heraus, dass es eigentlich eine ganz normale Beziehung hätte werden sollen. Jedenfalls hatte Wlad ernsthafte Absichten, er wollte alles auf eine solide Grundlage stellen und nicht nur einen flüchtigen Kontakt. So schrieb er sich in einer Fahrschule ein und hoffte, in die Geheimnisse des Moskauer Asphalt-Dschungels eingeweiht zu werden.

Schon der Theorie-Unterricht stellte die hehren Absichten von Wlad auf eine harte Probe. »Das war in irgendeinem Keller, da waren sogar Pfützen, und da saß ein alter Mann und las monoton aus der Straßenverkehrsordnung vor.« Wlad ist ein geduldiger Mensch, und so saß er in dem unterirdischen Biotop zwei Unterrichtsstunden ab – bevor er zu dem Schluss kam, dass er die Straßenverkehrsordnung auch selbst lesen kann, unter weitaus trockeneren Klimabedingungen, zu Hause auf dem Sofa.

Dabei erschien der Unterricht im feuchten Keller noch geradezu wie Urlaub auf Hawaii im Vergleich zu den Nervenstrapazen, die das Schicksal Wlad auf dem Weg zum Führerschein als Nächstes auferlegte: Als er das erste Mal jenen Kasten sah, der aus Metallstücken der unterschiedlichsten Farben zusammengeschweißt war und sich als sein Fahrschul-Lada erwies, wäre ihm die Lust aufs Autofahren fast für immer vergangen. So hatte es denn vielleicht seine guten Seiten, dass Wlad eine intimere Bekanntschaft mit diesem Lada erspart blieb: »Der Fahrlehrer kam entweder immer so spät, dass ich schon weitermusste oder schon der nächste Schüler dran war, oder er rief kurz vor der Stunde an und sagte, er habe entweder keine Zeit oder es sei wieder irgendein Teil von seiner Karre weggebrochen und sie sei nicht fahrtüchtig.«

Obwohl Wlad die gesamte Fahrschule quasi »all inclusive« gebucht und schon komplett bezahlt hatte, deutete der »Instruktor« – auf Deutsch Fahrlehrer – bei den wenigen Treffen, die sie hatten, an, es wäre dem Lerneffekt sehr zuträglich, wenn Wlad noch einmal in die Tasche greifen würde. Der Mann erwies sich als weitaus talentierter in finanziellen Dingen denn in den Künsten des Fahrunterrichts. Und so war nach drei, vier Stunden der Höhepunkt von Wlads frischgebackenen Fahrkünsten erreicht: Er hatte gelernt, das Auto mehr oder weniger sicher zum Fahren zu bringen, ohne den Motor brutal abzuwürgen.

In einem dieser Momente des erbitterten Kampfes mit Kupplung, Gaspedal und Gangschaltung eröffnete der Fahrlehrer Wlad dann ganz neue Horizonte: »Er sagte, eine Mitschülerin, die genauso weit sei wie ich, mache diese Woche schon die Prüfung und werde sie auch garantiert ablegen. Alles sei weniger eine Frage des Schweißes als des Preises.« Wlad fragte mehrmals dezent nach. Doch er hatte sich nicht verhört. Er habe zuverlässige Verbindungen zur Verkehrspolizei, die in Russland die Prüfung abnimmt, sagte der »Instruktor«.

Nach diskreter Übergabe eines dreistelligen Dollarbetrags bekam Wlad die Vorladung zur Führerschein-Prüfung – nach einer kleinen Panne, denn die Fahrschul-Verwaltung forderte noch ein eigenes Bakschisch für die benötigten Stempel. Brav fand sich Wlad dann um 10 Uhr morgens am vereinbarten Prüfungsort ein. Er stieß dort auf ein Dutzend Leidensgenossen, nur von der Verkehrspolizei war niemand zu sehen. Ein menschliches Bedürfnis stürzte Wlad in größte Gewissensnöte, weil er einerseits dringend ein Örtchen aufsuchen musste, andererseits aber Angst hatte, eben dadurch seine Schicksalsstunde zu verpassen. Gegen 11 Uhr konnte Wlad dem Bedürfnis nicht mehr widerstehen und rannte eilig davon, offenbar wenige Sekunden, bevor nach einstündiger Wartezeit das Auge des Gesetzes zur Ausübung seiner Dienstpflichten an Ort und Stelle erschien. Jedenfalls hatte der »Inspektor« seinen Namen bereits mehrmals ausgerufen und war gerade dabei, ihn von der Liste zu streichen, als Wlad zurückkam.

Obwohl soeben noch erleichtert, geriet Wlad nun sofort in den gegenteiligen Gemütszustand: In Ermangelung von Fahrpraxis und jeglicher Prüfungsvorbereitung hatte er gehofft, zuerst den anderen Leidensgenossen zuzusehen und ihnen alles abzuschauen. Dass nun ausgerechnet er als Erster antreten sollte, ließ Wlad trotz Vorkasse das Herz auf Pedalhöhe rutschen. Der »Inspektor« war ein kräftiger Mann, bei dessen Anblick man intuitiv verstand, dass der Fleischmangel in Russland seit einem Jahrzehnt der Vergangenheit angehörte und allenfalls noch an Rasierklingen ein gewisser Mangel herrschen könnte. Die Uniform um ihn herum musste eine erstaunliche Dehnbarkeit aufweisen, und er selbst hatte offenbar die Anlagen eines Fakirs, denn nur so war zu erklären, wie er auf der Rücksitzbank eines engen Ladas nicht nur Platz gefunden hatte, sondern auch noch in tiefem Bass Kommandos erteilen konnte.

»Wir fahren los«, tönte es von hinten. Für Wlad keine einfache Aufgabe, war der Inspektor doch in einem anderen Modell vorgefahren als dem, das Wlad aus der Fahrschule kannte. Und so scheiterte er schon an der ersten Aufgabe: dem Einstecken des Zündschlüssels. Während das Zündschloss bei den älteren Ladas links vom Lenkrad ist (offenbar aus Sorge um die Gesundheit des Fahrers, um ihm eine Art Morgengymnastik oder Dehnübung zu bescheren), ist es bei den neuen Ladas in westlicher Manier rechts vom Lenkrad zu finden. Der Inspektor erwies sich als Mann mit Herz: »Wir stecken rechts ein«, tönte es fast schon väterlich von der Rücksitzbank.

Doch damit nicht genug. Auch mit der Gangschaltung des neuen Ladas kam Wlad nicht zurecht. Und in der Aufregung unterlief ihm auch noch ein folgenschwerer Fauxpas. Ganz auf die Milde des Prüfers hinter ihm schielend, schüttete Wlad sein Herz aus und erklärte die ganze Misslichkeit der Lage – nannte dabei aber das falsche Lada-Modell. »Dann ist alles wie gewohnt, hier funktioniert die Gangschaltung ganz so, wie Sie es von Ihrem Lada-Modell gewohnt sind«, so erneut die väterliche Antwort, die zwar an sich richtig war, aber nicht zutreffend, da Wlad ja die Modell-Nummern verwechselt hatte.

Nichtsahnend legte Wlad den vermeintlichen ersten Gang ein, der sich als Rückwärtsgang erwies. Was er aber nicht gleich bemerkte, weil er in der Aufregung so hektisch zur Sache ging und die Kupplung so unsanft schleifen ließ, dass er den Motor laut heulend abwürgte – direkt vor den Augen der anderen Prüfungskandidaten, die ein paar Meter weiter warteten. »Immer mit der Ruhe«, tönte es von der Rücksitzbank, doch der Blick in den Rückspiegel zeigte Wlad, dass der durchaus gutmütige Mann einen gewissen Unmut in seiner Miene nicht mehr verbergen konnte.

Just diese Beobachtung muss Wlad noch nervöser gemacht haben. Denn als er den Wagen beim zweiten

Versuch abwürgte, gelang dies nicht mehr so sanft wie beim ersten Mal. Das Gefährt machte einen kräftigen Ruck nach vorne, und der Inspektor, ohnehin eingezwängt wie eine Legehenne im Käfig, kam mit seinen Körperrundungen in unsanften Kontakt mit der Rückenlehne des Vordersitzes. »Immer mit der Ruhe«, wiederholte er, diesmal aber bereits etwas gereizt und mit den Augen zur Wagendecke schielend.

Beim dritten Versuch gelang es Wlad zwar in der Tat, den Wagen in Bewegung zu setzen, aber das brachte ihm die Erkenntnis, dass er statt des ersten den Rückwärtsgang eingelegt hatte. Diese Erkenntnis erschreckte ihn derart, dass er die Pedale verwechselte und den Wagen noch ruppiger als beim vorherigen Versuch zum Stehen brachte. Der Inspektor hatte diesmal Feindkontakt mit der Rückenlehne. Und zwar so heftig, dass er sich trotz aller Gutmütigkeit einen kräftigen Mutterfluch nicht mehr verkneifen konnte. Jedenfalls beschied der Gesetzeshüter Wlad streng: »Es reicht! Sie steigen aus!«

Auf den Gesichtern der anderen Fahrschüler, die geduldig zugeschaut hatten, waren Schadenfreude und Schrecken zugleich zu sehen. Wlad wusste nicht so recht, wie er die ganze Sache zu verstehen hatte. Und so war er doch selbst ein wenig überrascht, als er am nächsten Tag wie vereinbart bei der Verkehrspolizei vorfuhr – und dort sein Führerschein auf ihn wartete, mit dem Prüfungsprotokoll und dem Hinweis: »Bestanden«. Neben seinem Namen entdeckte Wlad einen kleinen, sauberen Punkt, mit dem Bleistift gemalt: »Das war offenbar das diskrete Zeichen, bei mir nicht allzu genau hinzusehen, nach dem Motto: Preis geht vor Fleiß.«

Seit mir Wlad die Wahrheit erzählt hat, blicke ich mit ganz anderen Augen auf seine Fahrweise: Hut ab, dass er es trotz dieser widrigen Umstände, sozusagen einer unglücklichen »Kindheit« am Steuer, doch so weit gebracht hat. Auch den anderen Fahrern gegenüber habe ich nun mehr Verständnis, wenn sie mir die Vorfahrt nehmen oder vor mir zwischen den Spuren hin und her wechseln wie Slalomfahrer. Sosehr mir die neue Erkenntnis zu mehr Nachsicht verhilft – sie jagt mir auch Schrecken ein. Denn im neuen Jahr droht Ungemach. Meine Freundin macht gerade ihren Führerschein. Für einen Schnäppchen-Preis, dank guter Bekanntschaften: 300 Dollar. Bei welcher Fahrschule, werden Sie fragen? Das ist es ja, was mich unruhig macht – ohne Fahrschule.

Probleme wie die von Wlad werden ihr erspart bleiben: Eine Prüfung wird es auch nicht geben. Probleme werde dafür wohl ich haben. Bald werde ich mich wohl in der Haut jenes »Inspektors« fühlen, der bei Wlad auf der Rücksitzbank zitterte. Dabei hatte es der noch gut. Er konnte wenigstens sagen: »Es reicht! Aussteigen.«

Autogrammstunde im Morgengrauen

Der Waren-Frachtbrief Nr. 171 war gnadenloser als jeder Wecker. Es ist irgendwann in den Morgenstunden, nach Moskauer Verhältnissen also eigentlich noch mitten in der Nacht, als mich ein stürmisches Klingeln unsanft aus dem Bett reißt. Habe ich einen

Feueralarm überhört? Haben die Nachbarn ihre laute Feier gestern schlecht überstanden – sie hätten es verdient – und soll ich jetzt mit Salzgurken aushelfen? Oder hat jemand unten im Hof mein Auto gerammt?

Da es in Russland keineswegs dem guten Ton widerspricht, Gäste im Morgenmantel zu empfangen, öffne ich, schlaftrunken, mit fast geschlossenen Augen und auf das Schlimmste gefasst die Wohnungstür. Davor steht eine Frau mittleren Alters und fragt schüchtern: »Oh, habe ich Sie geweckt?« Gut erzogen, wie ich bin, versuche ich mir ein Lächeln abzuringen und schüttele meinen bleiernen Kopf. Auf einmal ganz entschlossen streckt sie mir ein Kuvert entgegen: »Für Sie.« Ich murmle etwas von »Danke« und will schon in Richtung Schlafzimmer zurückschlurfen, doch mit hoher Stimme ruft sie mich sofort zurück: »Nein, das ist noch nicht alles, eine Unterschrift, bitte!«

Nach meinen Füßen wachen allmählich auch meine Augen auf. Ich kritzle etwas auf das Blatt, das sie mir vor meinen Morgenmantel hält. Doch nicht genug, sie lässt nicht ab: »Ihren Namen in Druckschrift bitte, und Ihre offizielle Funktion.« Zu so früher Stunde habe ich noch keine offizielle Funktion, will ich zurückbrummeln, aber ich sehe ein, dass Widerspruch zwecklos ist. Bevor ich in die Freiheit entlassen werde, muss ich noch Uhrzeit und Datum eintragen.

Mit dem Wachwerden tröpfeln die ersten Gedanken in meine Hirnschale. Ob ich ein Preisausschreiben gewonnen habe? Oder hat ein entfernter Verwandter mich als Erbe eingesetzt? Neugierig öffne ich den Umschlag und traue meinen müden Augen nicht: Da liegt ein Waren-Frachtbrief, mit Nr. 171. Absender, so heißt es da, ist »Martens Verlag und Consulting« mit einer

Hundertschaft von Ziffern dahinter. Unten links prangen ein blaues Siegel und die Unterschrift des Generaldirektors und des Chefbuchhalters.

Rechts unten warten lauter leere Zeilen darauf, von mir ausgefüllt zu werden: Auf Grundlage der Vollmacht Nr. _____ vom_____ erteilt von _____ _ hat _____ »die Ware angenommen«. Damit alles seine Richtigkeit hat, folgen noch Felder für Dienstgrad, Unterschrift, Nachnamen in Druckbuchstaben. Darüber hängt an einer Heftklammer ein Rückumschlag: »Bitte nicht vergessen, Durchschriften an die Buchhaltung zurückzusenden!«

Hoffentlich habe ich nicht irgendwo was Falsches unterschrieben, und jetzt sind schon ein Dutzend Staubsauger oder russische Fahnen an mich unterwegs. Mit einem Mal bin ich hellwach. Mühsam arbeite ich mich durch die Zahlenkolonnen auf Waren-Frachtbrief Nr. 171, ohne einen tieferen Sinn zu erkennen. In der Mitte des Schreibens endlich des Rätsels Lösung. Da steht's: Ich soll bestätigen, dass ich die Ausgaben 11 und 12 der »Moskauer Deutschen Zeitung« im Wert von 146,08 Rubel (umgerechnet ganze 4,30 Euro) erhalten habe. Das ist in etwa so, wie wenn Sie in Deutschland eine Zeitschrift abonnieren – und dann alle paar Wochen jemand bei Ihnen klingelt und Sie papierreich bestätigen müssen, dass Sie die Hefte auch erhalten haben.

»Moskauer Deutsche Zeitung« – also deutsche Bürokratie in Russland, werden Sie nun vielleicht sagen. Doch die Deutschen sind unschuldig. Es waren zwar vor allem deutsche Gastbeamte, die einst unter den Zaren bürokratische Unsitten mit dem Gütesiegel »Made in Germany« nach Russland exportierten. Doch im Verbund mit russischer Beamtenwillkür entwickelte der Ämter-Wahnsinn ungeahntes Eigenleben, ganz ohne Hilfe der Deutschen. Die Zeitung für Deutsche in Moskau wird zwar mit Hilfe deutscher Steuergelder herausgegeben – doch für den Vertrieb ist eine russische Firma zuständig.

Wenn russische Herrscher den Staat stärken wollten, blähten sie vor allem das bürokratische Monster auf. Genau das geschah sehr konsequent unter Putin. Allein auf Bundesebene gibt es heute doppelt so viele Beamte wie zur Sowjet-Zeit, rund 1,5 Millionen. Jeder hundertste Russe ist Staatsdiener.

Wer als Ausländer in einer russischen Privatwohnung untergekommen ist, etwa zu Besuch bei Freunden, muss eine notariell beglaubigte Bescheinigung des Wohnungsinhabers vorweisen, dass er in seiner Wohnung wohnen darf. Nur so bekommt er die vorgeschriebene Registrierung. Die dauert in Moskau oft fünf Tage – man muss sie aber bereits am vierten Tag des Aufenthalts vorweisen.

Als ich mich später auf den Weg zur Arbeit mache, hält mich unten vor dem Haus ein Wachmann an. Er drückt mir unverwandt ein weiteres Formular in die Hand. Oh nein, nicht noch so ein sinnloses Dokument, denke ich entnervt. Für meinen Auto-Stellplatz müsse ich einen »Akt über die Übernahme erfolgter Arbeiten/Dienste« auf zwei Blättern unterschreiben. Damit bestätige ich, dass mir das Parken gemäß Mietvertrag auch tatsächlich vom Vermieter erlaubt wurde. Der braucht dieses Papier für seine Buchhaltung.

Um den Mietzins zu überweisen, muss ich ferner jeden Monat auf die Bank, weil Daueraufträge oder Online-Überweisungen für alle Geldinstitute, mit denen ich zu tun hatte, ein Fremdwort sind. Wenn ich andererseits dem Vermieter das Geld bar in die Hand drücke, sind zusätzlich fünf Prozent Verkaufssteuer fällig. Ich bin überzeugt, der Tag ist nicht mehr fern, an dem man in Moskauer Restaurants vor dem Essen auf die Bank muss und danach einen »Akt über erfolgte Zunahme durch Essensaufnahme« zur Unterschrift vorgelegt bekommt.

Dabei sind wir Ausländer noch privilegiert. Für die allmächtigen Diener des Staates sind wir allenfalls eine Nebenerwerbsquelle: Zeigen wir uns doch oft unglaublich widerborstig und stur, wenn es darum geht, ein anständiges Bestechungsgeld zu bezahlen. Gerade die Deutschen sind berüchtigt für ihre fast schon sittenwidrige Geizigkeit. Russen dagegen sind von Kindesbeinen an eher auf Großzügigkeit trainiert, gerade auch, wenn es um den Zahlungsverkehr mit Staatsdienern geht. Wozu sollte etwa ein gestandener Verkehrspolizist sich an uns dickschädeligen Westlern die Zähne ausbeißen, wenn er mit etwas Glück in der gleichen Zeit drei viel pflegeleichtere einheimische »Kunden« abservieren kann?

Fremdwort Flensburg

Mein Freund Igor ist Russe mit ganzem Herzen, und seine Liebe zu Mütterchen Russland kennt nur eine Grenze: das Einkaufen. Ob im Lebensmittelladen, im Heimwerkermarkt oder im Reisebüro, Igor setzt stets auf Westliches. Auch als es darum ging, seine »Mobilisierung sicherzustellen«, wie er den Autokauf spöttisch nennt, entschied sich Igor deshalb für den Klassenfeind von einst: Nie, so beteuert er, würde er sich freiwillig an das Steuer eines russischen Autos setzen. Im Jahr 2002 bot sich denn auch eine günstige Gelegenheit, dem Vaterland in Sachen Auto untreu zu werden. Ich hatte die Rolle des Kupplers übernommen, wusste ich doch, dass Igor ein großes Auto suchte und ein ehemaliger Lehrer von mir in Deutschland händeringend einen Käufer für seinen überdimensionierten Spritvernichter. Wie hätte ich ahnen können, dass die romantische Beziehung von Igor zu seinem neuen Liebling auf vier Rädern von derart kurzer Dauer sein würde und jahrelang ebenso heftige wie schmerzvolle Nachwirkungen für ihn haben sollte?

Aber alles der Reihe nach: Igor war von der Aussicht auf die deutsche Nobelkutsche sofort Feuer und Flamme und saß strahlend wie ein Lenin-Pionier vor dem Besuch von Väterchen Frost im nächsten Jet nach München. Zehn Jahre war das PS-Monster meines früheren Lehrers alt, gehegt und gepflegt, wie es sich in Bayerisch-Schwaben gehört. Die Ausmaße des BMW waren so beeindruckend, dass man darin Staatsmänner jedes anständigen Bananenstaates ohne Prestigeverlust durch ihre Hauptstädte kutschieren könnte. Da sonst niemand scharf auf die Limousine und Igor charmant im Verhandeln war, bekam er für 2000 Euro den Zuschlag. Und so konnte es ihn auch nicht schrecken, dass er später noch das Doppelte – 4000 Euro – als Einfuhrzoll an den russischen Staat blechen musste.

Ein Schock war dagegen für Igor die erste Probefahrt: «Autoquälerei» war es in seinen Augen, wie der deutsche Pädagoge, dem jeder Regelverstoß so fern liegt wie Igor die Straßenverkehrsordnung, seinen armen Wagen behandelte: Quälte er den stolzen Schlitten doch bei sage und schweige 30 Stundenkilometern durch sein Wohnviertel.»Von den sechs Zylindern war allenfalls einer am Werkeln, und das nur schwach hüstelnd«, empörte sich Igor angesichts solcher Feigheit.

Noch war das Entsetzen auf Igors Seite. Doch nicht lange. Dabei hatte er die besten Absichten. Nach dem Ummelden in der Kfz-Zulassungsstelle in Augsburg, die in seinen Augen geradezu unanständig schnell und unbürokratisch vonstatten ging, wollte Igor den Pferdestärken endlich zur erhofften Freiheit verhelfen. Schon beim Losrollen hörte er ein Krächzen vom Beifahrersitz – die Gesetze der Physik hatten meinen Ex-Lehrer bei Igors knackigem Kavaliersstart unsanft in den Sitz gepresst.

Ein paar hundert Meter weiter bemerkte Igor, wie das Gesicht des Pädagogen auf dem Beifahrersitz die Farbe der Fahrbahnmarkierung annahm. »Dabei hatte ich noch nicht einmal hundert auf dem Tacho«, wunderte sich Igor. Als echter Russe zeigte er sich sofort barmherzig: »Ich sagte mir, sei ganz einfühlsam, Igor, reiß dich zusammen und halte an, wenn du an ein Rotlicht kommst, sonst kannst du den armen Mann gleich ins Krankenhaus zur Notaufnahme fahren ...«

Quietschend brachte Igor das vierrädrige Schlachtschiff an der nächsten roten Ampel mit einer Vollbremsung zum Stehen. Und verstand die Welt nicht mehr, als das Haupthaar meines Lehrers sichtbar mit der Deckenverkleidung Kontakt aufnahm. Mit weit aufgerissenen Augen, so erinnert sich Igor, fasste sich der deutsche Studiendirektor ein Herz – und ihn am Arm: »Tun Sie das nie wieder!« Igor wäre ihm am liebsten vor Rührung um den Hals gefallen, glaubte er doch irrtümlich eine verwandte Seele in dem Deutschen zu finden, der ihm gerade noch so fremd war: »Nie wieder bei Rot anhalten? Aber gcrne doch!«, fragte er auf Englisch, so radebrechend, wie es sein Mini-Wortschatz zuließ.

Der Teint meines Lehrers müsste sich der Farbe des schicksalsträchtigen Ampelsignals angenähert haben: »Nein, nein«, presste er atemlos hervor. »Mir scheint es, Sie sind mit den Vorderrädern etwas über die weiße Linie am Boden hinausgeschossen!« Igor lächelte: »Nur etwas? Aber nein, ich stehe fast mit den Hinterrädern drauf!« Weiter seien sehr viele englische Worte gefallen, die er nur mühsam verstanden habe, erinnert sich Igor. Sie klangen nach Flensburg, Punkten, Strafe und Straßenverkehrsordnung.

Aus Gründen der Höflichkeit und der Völkerverständigung will ich hier übergehen, was Igor zur Ordnungsliebe der Deutschen denkt, und werde ebenso wenig enthüllen, wie sich mein Deutschlehrer später zum Fahrstil der Russen äußerte. Doch Gegensätze ziehen sich an: Seit die beiden nicht mehr gemeinsam in einem Auto sitzen, schwärmen sie voneinander.

Und doch fand diese deutsch-russische Beziehung ein tragisches Ende. Für Igor. Und das PS-Monster. Dabei wäre alles zu vermeiden gewesen, hätte er dieses, nur dieses eine Mal auf seinen neuen Freund in Deutschland gehört und sogleich die Wegfahrsperre des BMW in Betrieb genommen. Gewissenhaft wie mein Lehrer ist, hatte er sogar auf zwei vollbeschriebenen Seiten extra für Igor eine idiotensichere Bedienungsanleitung getippt und zu treuen Händen an mich geschickt. Ob es nun an der allgegenwärtigen Hektik in Moskau lag oder an Igors tiefem Misstrauen gegen alle westliche Technik, die nicht direkt seiner Fortbewegung dient: Wochenlang lag die Anleitung bei mir im Büro, Igor hatte nie Zeit. Bis es zu spät war.

Zunächst dachte Igor an Gedächtnisschwund, als er den Wagen am Weißrussischen Bahnhof in Moskau nicht mehr dort wiederfand, wo er glaubte, ihn geparkt zu haben. Nachdem er das halbe Stadtviertel abgesucht hatte, kam Igor zu dem schmerzhaften Schluss, dass sein neuer Gefährte auf vier Rädern offenbar gestohlen worden war. Resigniert erstattete er Anzeige – ohne große Hoffnung, den Wagen wiederzubekommen. Mit einem tieftraurigen Bass rief er mich an: »Alles ist aus.« Nur mit Mühe verkniff ich mir eine russische Lebensweisheit, die eigentlich von meinem deutschen Lehrer stammen könnte: »Tische jedisch, dalsche budesch« – je langsamer man fährt, umso weiter kommt man.

Diebstahl mit Amtshilfe

Tschernobyl konnte ihn nicht erschüttern, die Wirren der Perestroika hat er unbeschadet und wohlbeleibt hinter sich gebracht, und nicht einmal Besuche in den berüchtigtsten Gefängnissen haben meinen Freund Igor aus seinem seelischen Gleichgewicht gebracht. Das schafften dafür die Polizei und das Finanzamt: Ein Steuerbescheid und ein Besuch bei den »Ordnungshütern« brachten das Weltbild des hartgesottensten aller Russen ins Wanken.

Als ob es für Igor nicht schon ein schrecklicher

Schicksalsschlag gewesen wäre, dass er seine neue Liebe auf Rädern so urplötzlich verloren hatte, folgte im Frühling 2006 die unglaubliche Fortsetzung der traurigen Geschichte. Igor fand einen Bescheid über eine Kfz-Steuer-Nachzahlung von 1500 Dollar – was bei großen Summen für die meisten Russen und Rubel-Verächter die gängige Währung ist – für den Wagen in seinem Briefkasten, für vier Jahre. Er glaubte an einen Irrtum. »Kein Problem, bringen Sie uns einfach eine frische Bestätigung der Polizei, dass der Wagen als gestohlen gemeldet ist«, meinte die Finanzbeamtin, weil ihr das alte Protokoll, das Igor brachte, nicht ausreichte.

Nichtsahnend fuhr Igor zur Polizei. Nach kurzer Suche im Computer sagte ihm ein Beamter: »Ihr Wagen ist nicht mehr gestohlen gemeldet. Laut Computereintrag wurde er kurz nach dem Diebstahl wiedergefunden und dem Besitzer zurückgegeben.« Dumm nur, dass Igor selbst nichts davon erfahren hatte.

Dafür gibt es nur eine logische Erklärung, glaubt er: Die Polizei muss mit seinem geliebten Wagen krumme Geschäfte gemacht haben. Entweder hatten Beamte den BMW tatsächlich nach dem Diebstahl gefunden und kurzerhand beschlossen, das gute Stück zu behalten. Oder sie hatten den Diebstahl von Anfang an in der Absicht inszeniert, den Wagen später aus der Liste der gestohlenen Wagen zu streichen. Ohne den Eifer der Finanzbeamtin, die eine neue Bestätigung forderte, wäre die Finte nie ans Licht gekommen. Igor hoffte auf Gerechtigkeit, ja träumte sogar von einem freudigen Wiedersehen mit seiner verloren geglaubten Liebe auf vier Rädern.

Pustekuchen. Seit Jahren versucht Igor verzweifelt,

von der Polizei eine amtliche und einleuchtende Erklärung für das doppelte Verschwinden seines Wagens zu bekommen. Ohne Ergebnis. Alle Schreiben an die Ordnungshüter blieben ohne Erfolg. Obwohl der Name des Beamten, der den Wagen als »gefunden« zurückmeldete, bekannt ist. Obwohl Igor die Staatsanwaltschaft eingeschaltet hat. Aber der Ermittlungseifer scheint sich in sehr engen Grenzen zu halten. Ein Polizist bot Igor an, gegen entsprechendes Bakschisch könne er ihm sofort eine Bestätigung ausstellen, dass der Wagen einen Totalschaden hatte und verschrottet wurde. »Nur rückwirkend geht das schwerer«, schränkte der korrupte Beamte ein – und Igor wäre auf seinen 1500 Dollar Steuerschulden sitzengeblieben, die in den Jahren seit dem »Diebstahl« aufgelaufen sind.

Für Igor begann ein Dauerlauf durch die Instanzen. Dreimal war er beim Finanzamt und im Gericht, besorgte sich alle möglichen Bestätigungen. Erfolglos. Statt Gerechtigkeit bekam er eine Nachricht vom Gerichtsvollzieher: Der stellte jetzt sein neues Auto unter Arrest – wegen der nicht bezahlten Steuerschuld. Igor wurde zwar erlaubt, bis auf weiteres mit seinem Wagen zu fahren – aber er darf ihn nicht verkaufen und ihn auch nicht beim TÜV vorfahren, wenn die nächste Untersuchung fällig wird. Nach einem neuen Gesetz droht ihm jetzt sogar das Verbot, aus Russland auszureisen. Bürger, die als säumige Zahler registriert sind, können neuerdings an der Grenze aufgehalten werden.

Doch die Konsequenz, die ich Igor seit Jahren nahelege (nicht nur aus steuerlichen, sondern auch aus gesundheitlichen Gründen), will er trotz des Ärgers mit dem Auto um nichts in der Welt ziehen: Lieber verzichtet er auf Auslandsreisen und übt sich in Amtsstuben-Spießroutenläufen, als von den eigenen vier Rädern auf die U-Bahn umzusteigen. »Unter die Erde«, hält mir Igor fatalistisch entgegen, »bekommst du mich erst, wenn ich tot bin«.

ASPHALTDSCHUNGEL

Faust statt Führerschein

Ich döste friedlich vor mich hin, da rissen mich nervöse Schreie aus dem Halbschlaf. Das Erste, was mein Auge erblickte, war eine Kalaschnikow, die eine Armlänge vor meiner Nase baumelte. Wäre das Taxifenster offen gewesen, ich hätte von der Rückbank aus in den Lauf der Knarre pusten können – wenn mir nicht das Herz in die Hose gerutscht wäre. »Du Schuft, ich mach dich fertig«, brüllte jemand. Was sollte ich tun? Stillhalten? Rausspringen und auf den Boden legen? Oder davonlaufen? Ich beschloss, mich ins Polster zu kauern.

Was um alles in der Welt war passiert? Das Unheil war eigentlich schon zu Beginn meiner Recherchereise zu ahnen. Immerhin ging es nach Dagestan, der russischen Teilrepublik zwischen Tschetschenien und Schwarzem Meer, in der Schießereien und Terroranschläge fast zum Alltag gehören wie das Glockenläuten in Bayern.

Bereits als mein Fahrer mit seinem Lada vorfuhr, machte ich mich auf eine abenteuerliche Reise gefasst. Beide waren hochgerüstet, oder auf Neudeutsch »getunt«. Mit den Sportsitzen und der Heckflosse wirkte die Karre ein wenig wie ein Trabant mit Formel-1-

Spoiler. Am Steuer saß eine kaukasische Miniatur-Ausgabe von Arnold Schwarzenegger, mit einer Frisur, die der leider längst verblichenen Anneliese Rothenberger alle Ehre gemacht hätte: Achmed. Dabei war es vielleicht mein Glück, dass ich in diesem Moment noch nicht ahnte, dass er seinen Bizeps nicht nur aus Eitelkeit auf Baumstamm-Breite trainiert hatte.

Nun sind die Russen allgemein und die Kaukasier im Besonderen für ihre – nun, nennen wir es freundlich: recht sportliche und spritzige Fahrweise bekannt. Doch im Vergleich zu Achmed sind sie allesamt lahme Dreiradfahrer. Würde sich ein deutscher Fahrprüfer in seinen Wagen verirren – er würde nach hundert Metern bei Gott schwören, jedem noch so miesen Prüfling den Führerschein bedenkenlos auszustellen, wenn er bloß dieses Mal lebend davonkommt – und spätestens beim ersten Halt, vorzeitig ergraut und schweißgebadet, zum rettenden Hechtsprung aus der Tür ansetzen.

Achmeds Richtgeschwindigkeit in geschlossenen Ortschaften scheint bei 130 Stundenkilometern zu liegen, wobei kreislaufbelastend hinzukommt, dass seine bevorzugte Straßenseite die Gegenspur ist. Da dies den unangenehmen Nebeneffekt hat, dass einem entgegenkommende Fahrzeuge die freie Fahrt vergällen, muss sich Achmed den Weg mit Fernlicht, Hupe und wilden Flüchen freikämpfen.

Auch beim Mindestabstand kennt Achmed kein Pardon. Solange er nicht einen Meter auf das Auto vor ihm aufgefahren ist, drückt er unerbittlich aufs Gaspedal. Rote Ampeln wirken auf ihn wie ein rotes Tuch – er hält mit vollem Karacho drauf. Auch mit rechts vor links nimmt es Achmed nicht so genau. Wenn jedoch einer so frech ist, auf seiner Vorfahrt zu bestehen, oder gar hupt oder aufblinkt, sorgt der rasende Rowdy sofort für Ordnung: »Hast du was auszusetzen?«, brüllt er dann. »Muss ich aussteigen? Gerne – aber dann mach ich dich zu Kleinholz!« Statt der Straßenverkehrsordnung gilt bei Achmed das Faustrecht.

Man gewöhnt sich an alles im Leben, und am zweiten Tag mit Achmed war ich bereits so abgehärtet, dass ein Nickerchen auf der Überlandstrecke mich vom Zittern und Zagen befreite. Bis plötzlich die Kalaschnikow direkt neben dem Autofenster baumelte. »Ich schlag dich nieder, du Depp« – es war zweifelsohne Achmeds heisere Stimme. Die Kalaschnikow schlug scheppernd gegen das Fenster. Sie gehörte einem Verkehrspolizisten.

Achmeds Freund auf dem Beifahrersitz schien genauso erschrocken wie ich – allerdings nicht über Achmed, sondern über mein Gesicht. Er versuchte, mich zu beruhigen: »Eine Miliz-Streife wollte Achmed anhalten. Er hat sich das nicht bieten lassen und ist weitergefahren, die haben ihn verfolgt und eingeholt, und jetzt ist Achmed stinksauer!«

Statt den Führerschein zeigte Achmed einem der Ordnungshüter seine Faust. »Ich mach dich zu Kleinholz. Entschuldige dich, du Gauner!«, schrie der Verkehrs-Terminator und trommelte auf ihn ein. Der Uniformierte mit der Kalaschnikow dachte nicht mehr an die Strafe für zu schnelles Fahren, sondern versuchte zu schlichten. Auch Achmeds Kumpel hatte sich eingemischt. Mit vielen Worten und kräftigen Armen gelang es ihm, seinen aufgebrachten Freund zurück in den Wagen zu bugsieren. Die beiden Polizisten wirkten sichtlich erleichtert. Doch Achmed war stinksauer:

»Warum hast du mich nicht machen lassen? Ich hätte es diesen Bullen gezeigt.«

Schimpfend legte er den ersten Gang ein, beschleunigte rasch und holte alles aus dem Lada raus. Hätte Achmeds Fahrweise mich nicht ständig unsanft von einer Ecke in die andere geworfen – ich hätte geglaubt, ich hätte die unglaubliche Episode bloß geträumt. »Hat er denn keine Angst? Die hatten doch eine Kalaschnikow?«, fragte ich seinen Freund, als Achmed an einer Tankstelle kurz den Wagen verließ. »Ach wo, die wären nicht mal dazu gekommen, die Kalaschnikow in die Hand zu nehmen«, hielt mir der lächelnd entgegen: »Achmed ist doch Weltmeister im Freistil-Ringen, wusstest du das nicht? Jeder bei uns kennt ihn – und den Milizionären war klar, dass sie bei der kleinsten falschen Bewegung am Boden liegen.«

Achmed ist zu wünschen, dass er seinen Weltmeistertitel nicht im Ausland verteidigen muss. Sollte er dort mit einem Mietwagen reisen, würde die WM für ihn wohl nicht auf dem Siegertreppchen, sondern beim »Idiotentest« oder sogar in einer Zelle enden. Ich werde mir das nächste Mal statt einem bekennenden Kampfsportler einen Schachspieler oder Angler als Fahrer suchen – sicher ist sicher, auch wenn es sehr langsam vorangehen könnte.

Mit Darwin auf der Straße

Langsam, aber bedrohlich nähert sich die Motorhaube unseres Taxis den grazilen Beinen der jungen Fußgängerin. Ich traue meinen Augen nicht: Statt zu bremsen, drückt der Mann mit dem kämpferischen Kurzhaarschnitt und der rabenschwarzen Sonnenbrille am Steuer auf die Hupe und lehnt sich Richtung Fenster: »Zisch ab, Schlampe!« Die Frau redet mit ihrem Freund, bemerkt uns hinter ihrem Rücken nicht. Ich will gerade »Stopp« schreien, da ist ein dumpfer Schlag zu spüren. Für einen Moment verschwindet die junge Frau vor der Windschutzscheibe aus dem Blickfeld.

Es ist ein heißer Sommertag, in einer Fußgängerzone vor unserem Ziel, einem alten Zarenpalast in Jalta, dem Nizza der Krim. Unser Fahrer bewegt sich zwar nur im Schritttempo, doch eigentlich dürfte er hier gar nicht fahren. Offiziell ist es auch verboten, Fußgänger hupend und fluchend aus dem Weg zu jagen. Doch wer kein Steuer in der Hand hält, der befindet sich auf den Straßen der früheren Sowjetunion am kürzeren Hebel. Das Zwei-Klassen-Recht gilt auch bei den Karossen: Auto ist nicht gleich Auto, selbst hier gibt es Gewinner und Verlierer: Bei der Vorfahrt herrscht das Recht des Stärkeren: Jeep sticht VW, VW sticht Opel, Opel sticht Lada, und sogar der tattrigste Moskwitsch hat grundsätzlich Vorfahrt vor Fußgängern. Fahrradfahrer gibt es im russischen Straßenverkehr so gut wie gar nicht: Kaum jemand traut sich mit dem Rad auf die Straße. Statt der Sraßenverkehrsordnung gilt das darwinistische Prinzip: »survival of the fittest« – der Stärkere überlebt. Besonders, wenn es Fahrer eilig haben – was meistens der Fall ist.

Auch bei Igor und mir herrschte Zeitdruck: Weil der »Taxist« zwanzig Minuten zu spät vor dem Hotel vorgefahren ist und unser Termin zu platzen droht, will er seine Unpünktlichkeit mit Brachialgewalt wettmachen. Mit schmerzverzerrtem Gesicht greift die schlanke junge Fußgängerin an ihr Bein. Ich lange instinktiv zum Türgriff, will aussteigen und helfen. Doch unser Wagen rollt weiter. Da regt sich unser Fahrer. Endlich, denke ich: Jetzt wird er anhalten. Doch es gibt weder eine Entschuldigung noch Erste Hilfe: »Du dumme Kuh, pass doch auf, wo du läufst!«, schreit der Rüpel am Steuer sein Opfer an.

In ihrem Ärger schlägt die hübsche Frau mit ihrer Hand auf die Kofferraumhaube: »Idiot, bist du verrückt geworden? Pass doch auf, wo du hinfährst.« Unser Fahrer pöbelt los: »Bist du taub? Ich habe doch gehupt!« Nach ein paar weiteren Beschimpfungen steigt unser Taxist wieder aufs Gaspedal und fährt ungerührt weiter. Noch ehe ich mich von meinem Schrecken erholt habe, hält er an: Wir sind an unserem Ziel angelangt. Vom Fahrersitz kräuselt Zigarettenrauch hoch, und ein finsteres Brummen erreicht die Rückbank: »Unverschämt, diese Fußgänger heutzutage, solche Huren.«

Dass der Fahrer anhalten muss, weil wir am Ziel angelangt sind, ist ein Glücksfall für sein Opfer: Etwas später fährt die Polizei vor. Nach einem eindringlichen Gespräch mit den Uniformierten schnaubt der junge Mann vor Wut: »So eine Schweinerei. Ich soll dieses A … angefahren haben! Die ist mir doch vor den Wagen gelaufen. Ins Krankenhaus wollte sie! Simuliert hat sie! Dabei habe ich sie kaum erwischt! Den Führerschein wollen sie mir wegnehmen. A …! Vor Gericht soll ich! Aber ich habe einen Freund bei der Polizei, der wird das schon zurechtbiegen.«

Doch diese Problemlösung auf Russisch funktioniert glücklicherweise nicht immer. Denn wenn Autofahrer jemanden anfahren und ernsthaft verletzen, sind sie dran (es sei denn, die Verbindung reicht bis an die Spitze des Machtapparats, siehe Iwanows Sohn). In weniger gravierenden Fällen dagegen haben Fußgänger schlechte Karten, bewegen sich beim Überqueren der Straße im rechtsfreien Raum. Denn viele Fußgänger-Ampeln sind so geschaltet, dass nur ein gedopter Sprinter die Gegenseite bei Grün erreichen kann. Die Autofahrer juckt das nicht. Sobald sie grünes Licht haben und die Fußgänger Rot, drücken sie blind ohne jede Rücksicht aufs Gas. Die Morgengymnastik kann ich mir deshalb sparen. Mein täglicher Weg zur Arbeit beginnt mit einem Spurt über die Fußgänger-Ampel.

Dabei hat man als Fußgänger keine Garantie, in der kurzen Grünphase unbeschadet auf die andere Seite zu kommen. Besonders eilige Autofahrer rauschen nämlich auch bei Rot über die Kreuzung. Kein Wunder, es gibt in Russland keine Verkehrssünder-Kartei wie in Flensburg, mit deren Hilfe die schlimmsten Rowdys von Zeit zu Zeit aus dem Verkehr gezogen werden. Darüber hinaus können die meisten Regelverstöße mit einem Bestechungsgeld aus der Welt geschafft werden.

Die meisten Vertreter der Verkehrspolizei, abgekürzt »GAI«, nutzen die Spielräume für sich aus und benehmen sich eher wie Wegelagerer denn Ordnungshüter. Die Staatsdiener betrachten die Straßenverkehrsordnung weniger als verbindliches Regelwerk denn als Lizenz zum Abkassieren. Eine rote Ampel oder eine Fahrt mit Tempo 120 in geschlossenen Ortschaften wurden bis vor ein paar Jahren oft schon für ein paar hundert Rubel verziehen. Wer als Betrunkener im Auge des Gesetzes blitzschnell nüchtern werden und so seinen Führerschein behalten möchte, muss tiefer in die Tasche greifen: Die »Ausnüchterungstarife« wuchsen in den vergangenen Jahren von 100 Dollar auf rund 1000 und mehr. Das hat aber weniger mit Recht und Ordnung als mit der hohen Inflation zu tun.

Chaos auf den Straßen herrscht nicht erst seit den Wirren nach dem Kollaps der UdSSR. Fußgänger sind eine seltene Gattung, die man schützen muss, mahnten die russischen Satiriker Ilf und Petrow schon unter Stalin: Mitleiderregende Gestalten, eingepfercht auf enge Fußwege, wo sie in Angst und Schrecken ihr Dasein fristen, seit die Autos die Straßen beherrschen. Das gilt auch über fünfzig Jahre nach Stalin: Kaum ein Rechtsabbieger kommt in Russland auf den Gedanken, für Fußgänger, die Grün haben, anzuhalten. Und auch ich bin kurz davor, mir diese Regel abzugewöhnen, löst sie doch jedes Mal einen Stau und wildes Hupen aus. Die verängstigen Fußgänger trauen dem Frieden oft nicht und bleiben trotz Grünlicht stehen, wenn ein Autofahrer für sie anhält.

Der Gerechtigkeit halber muss angemerkt werden, dass auch die meisten Fußgänger alles andere als Unschuldslämmer sind: Wenn sie im Rudel auftreten, ist die Rache nah. Dann nehmen sie ihrerseits den Autos die Vorfahrt und marschieren schon mal bei Rotlicht los. Selbst nüchterne Passanten überqueren die Straßen, wann und wo sie Lust haben, ohne sich auch nur umzusehen.

So sind denn auch viele russische Autofahrer entsetzt, dass nach dem Umweltschutz ganz zaghaft jetzt auch noch der Gedanke des »Fußgängerschutzes« in ihre Breiten vordringt. Etwa bei den ukrainischen Verkehrspolizisten, abgekürzt »DAI«, was so viel wie »Dawai« und passenderweise zugleich »gib her!« bedeutet. Die »DAIs« haben nicht nur die alte Sowjetkluft gegen etwas schnittigere Uniformen ausgetauscht, sondern auch die Sicherheit und Unversehrtheit der Fußgänger als lukrative Einnahmequelle entdeckt. Seit sie regelmäßig hinter Zebrastreifen auf der Lauer liegen, lassen ukrainische Autofahrer Passanten brav passieren.

So viel Rücksicht ist gefährlich, kommentierte Igor ironisch die neue Strenge der ukrainischen Ordnungshüter. Wenn Besucher aus Moskau oder Petersburg sich fern der Heimat erst einmal daran gewöhnen, dass sie am Zebrastreifen oder bei Grün gefahrlos über die Straße gehen können, drohe ihnen Lebensgefahr, sobald sie auf Russlands Straßen im trügerischen Vertrauen auf ihre Vorfahrt loslaufen: »Die sind dann bei uns fast so gefährdet wie ihr Deutschen. Ihr seid ja so unvernünftig, bei Grün einfach über die Ampel zu gehen!«

Kloluft und Tütenkost

»Jetzt die Zähne zusammenbeißen und durchhalten«, sage ich mir: »Der Endspurt ist entscheidend.« Schwer schnaufend ziehe ich an meinem hartnäckigsten Konkurrenten vorbei, einem kahlgeschorenen Herrn mit fingerbreiter Goldkette und weit flatternder Trainingshose. Auf den ersten 300 Metern sah ich nichts als seinen Stiernacken, doch dann ließ seine Kraft nach. Oder die Goldkette war zu schwer. Keuchend, aber freudig, komme ich am Flieger an. Als Erster. Und das ist mein Glück.

Noch ist nicht alles verloren am Himmel über Russland. Gut, auf Auslandsflügen gibt sich die russische Airline Aeroflot bereits den immer noch still verachteten westlichen Unsitten hin, nimmt sogar Worte wie Service in den Mund und bietet in properen Boeings orthopädisch unbedenklichen Beinabstand. Doch im Inland setzt die »Luftflotte« auf Tradition und kümmert sich um Gesundheit und Fitness der Passagiere auf gute alte sowjetische Weise.

Die Sorge um unsere Fitness beginnt schon auf dem Flughafen in Kaliningrad, dem früheren Königsberg: Wir müssen nicht wie im Westen oder in Moskau in einen Zubringerbus steigen. Als freie Bürger dürfen wir zu Fuß über das ganze Rollfeld marschieren, was die innerrussische Antwort auf die Joggingbewegung im Westen ist. Wie gut, dass ich als Erster ankomme. Dank »Pole-Position« darf ich mich als Erster am Gangway-Geländer und an einer gestandenen, etwas stärkeren Flugbegleiterin mit Körbchengröße H vorbei an Bord schmiegen.

Bei einem Auslandsflug wäre der Körperkontakt mit der Stewardess weniger wahrscheinlich, doch dafür erfreulicher gewesen. Dann nämlich stehen regelmäßig atemberaubende Göttinnen in kecken Uniformen zur Begrüßung da. Doch bei innerrussischen Flügen werden männliche Passagiere bereits durch den gezielten Einsatz »verdienter« Veteraninnen der Luftfahrt davor bewahrt, auf dumme Gedanken zu kommen. Viele wurden offenbar noch zu Zeiten eingestellt, als die Sowjetunion in Gestalt ihrer Flugbegleiterinnen vor Augen führen wollte, wie gut sie die Lebensmittelversorgung im Land in den Griff bekommen hat.

Doch trotz geschätzter dreißig Jahre Berufserfahrung hat die Flugbegleiterin einen fatalen Fehler gemacht. »Spinnt ihr, wir sind doch noch am Betanken, ihr dürft doch noch niemanden reinlassen!«, schreit ein Techniker. Hastig stellt sich die Stewardess mitten auf die Gangway, effektiv wie eine Panzersperre: »Zu spät, guter Freund! Hähä!«, frohlocke ich und lasse mich in der Tupoljew in meinen Sitz fallen. Unter mir rüttelt das Kerosin lautstark in den Tank, und beim Blick aus dem Fenster sehe ich etwa hundert meiner Mitflieger auf dem Rollfeld herumstehen. Sie dürfen bei eisigem Wind noch 15 Minuten frische Luft schnappen, können ihr Immunsystem abhärten oder ihre spurtverschwitzte Kleidung auslüften. Wer zu spät kommt – den segnet Aeroflot mit gratis Zusatzleistungen.

An Bord geht es munter weiter mit dem kostenlosen Service, zum Beispiel einer olfaktorischen Reise in die Vergangenheit. Der hintere Teil einer Durchschnitts-Tupoljew erinnert geruchlich häufig an eine gut frequentierte Bahnhofstoilette der siebziger Jahre. Bei den engen Sitzen mit Tuchfühlung zu den Sitznachbarn kommt ein Gemeinschaftsgefühl wie zu besten Sowjet-Zeiten auf, und es werden wie am Lagerfeuer Schnurren aus alten Zeiten zum Besten gegeben.

Besonders schicksalhaft schweißt es zusammen, wenn der Nebenmann bewegende und bedenkenswerte Geschichten zu erzählen weiß. Wie die von jenem Aeroflot-Airbus, der 1994 wohl deshalb abstürzte, weil der Pilot seinen kleinen Sohn ans Steuer ließ. Er drückte aus Versehen den falschen Knopf – und brachte die Maschine in den freien Fall. Weil neben dem Piloten auch der Copilot aufgestanden war, um die Szene zu filmen, drückten die Fliehkräfte die beiden in Richtung Tür, was verhinderte, dass sie noch rechtzeitig an ihre Steuergeräte herankamen, um das Flugzeug wieder hochzureißen.

Buchstäblich mit einem blauen Auge kam dagegen ein Passagier davon, der sich als Querulant entpuppte: Er hatte die Stirn, sich zu beschweren, weil die Besatzung zu betrunken war, um das Essen zu servieren. Angesichts solch unflätigen Benehmens zog der Steward Konsequenzen – und dem Passagier eins über den Kopf. In ärztliche Behandlung kam er leicht verspätet, weil die Hälfte des servierten Essens statt auf den Klapptischen auf dem Boden des Fliegers gelandet war und das Aussteigen der Passagiere unnötig verzögerte.

Auch ich dachte unentwegt ans Essen, denn das Bordmagazin versprach mir westliche Haute Cuisine. »Können die das?«, grübelte ich, doch dann las ich, Aeroflot habe einen italienischen Chefkoch engagiert. Typische Probleme bei der Bordverpflegung wie trockene Beilagen, verkochte Nudeln, schlecht angemachte Salate oder einseitig gedünstetes Fleisch werde es künftig nicht mehr geben, verspricht der neue Küchenchef: »Wir wollen Aeroflot zu der Fluglinie machen, deren Bordverpflegung sich mit keiner anderen vergleichen lässt.« Doch dann gibt es in den fast zwei Stunden an Bord nur ein winziges Fläschchen Wasser und zwei kleine Tüten Salzbrezeln. Der Chefkoch im Bordmagazin hat nicht zu viel versprochen: keine trockenen Beilagen, keine matschigen Nudeln. Die Ernährung bleibt weiter unvergleichlich.

Den verhinderten Premium-Service der traditionsreichen Fluglinie immer noch im Kopf und noch mehr im leeren Magen, geht mir plötzlich in 10 000 Metern Höhe ein Licht auf: Will Aeroflot die Passagiere auf die russische Wirklichkeit vorbereiten, für eine weiche Landung in der Realität? Riesige Ankündigungen, gewaltige Ausgaben für ein neues Image und Reklame, schöne Fassade für den Westen, der fast zwanghafte Drang, zu den Besten, den Größten in der Welt zu gehören – und dann die ernüchternde Wirklichkeit, die in vielem an die Sowjetunion erinnert, als es an Bord ebenfalls nur Bonbons und Wasser gab.

Erinnert all das nicht haargenau an etwas? Exakt: Auch der Kreml verspricht ein westliches Menü mit Demokratie, Menschenrechten und Pressefreiheit – und serviert in Wirklichkeit Einheitsbrei nach alter Sowjet-Art.

Heilige Kühe auf Rädern

Moskau, Kutussow-Prospekt, im Berufsverkehr. Verlängerte Landebahn des Kreml und Nürburgring für die Leistungsträger des Staatsapparats. Es gibt keine einzige Ampel und mehr Spuren, als man zählen kann – und ich stehe im Stau so dicht und undurchdringlich wie die sibirische Taiga. Dieser unfreiwillige Kurs für mehr Geduld im Straßenverkehr gilt jedoch nicht für alle. Dicke, schwarze Limousinen fahren einfach auf dem Mittelstreifen dem Stau davon. Das stinkt mir mehr als die Abgaswolken.

Schon allein die Tatsache, dass die Drängler gegen einen ganzen Leitzordner von Verkehrsregeln verstoßen, bringt mein deutsches Rechtsempfinden in Wallung. Dass aber die allgegenwärtigen Verkehrspolizisten, die in ihrer dickwattierten Winterausrüstung wie Michelin-Männchen mit hoheitlicher Funktion wirken, die Verkehrssünder einfach ignorieren, bringt einen zumindest innerlich zu dem, was man mit seinem Wagen nicht erreichen kann: zur Raserei.

Die Ungerechtigkeit stinkt zum Himmel – auch wenn sich inzwischen immer mehr Russen ein Auto mit geregeltem Katalysator leisten können. Die meisten russischen Fahrzeughalter ertragen diese soziale Diskriminierung mit einer Gelassenheit, als sei sie gottgegeben – und verstehen meine ganze Aufregung nicht. Doch Nerven hin oder her – es hat durchaus auch seinen Vorteil, wenn man seinen Führerschein im regelverliebten Deutschland gemacht hat. Anders als wohl mancher Besucher aus Ländern wie Italien oder der Türkei, in denen die Polizei die Regeln eher lax auslegt, ist der »Nemez« (der Deutsche) besser gegen die Versuchung gefeit, sich ungestraft als Rennfahrer zu probieren. Meine deutsche Biederkeit hat mich immer gut vor der trügerischen Hoffnung geschützt, die Michelin-Männchen in Uniform seien mit einem Schlag alle winterblind oder spielten in vorweihnachtlicher Stimmung Väterchen Frost.

Russland-Neulinge können natürlich nicht ahnen, dass die Ordnungshüter nicht etwa ein Auge zudrücken. Sie halten sich streng an Regeln und Gesetze, allerdings nicht an die der Straßenverkehrsordnung. Sie orientieren sich am Verhaltenskodex einer gewachsenen Kastengesellschaft, die sich dreist über die Gesetze hebt. Dieses Kastenwesen ist keine Geheimwissenschaft, und es muss sich auch keine mangelnde Transparenz vorwerfen lassen: Der geübte Schutzmann erkennt schon am Kennzeichen, ob es sinnvoll ist, einen Wagen anzuhalten – oder ob der Mann auf dem Rücksitz vor dem Gesetz gleicher ist als andere.

Wer als »GAI« bzw. Straßenpolizist seine schmucken Sterne auf den Schulterklappen behalten will, sollte sich tunlichst davor hüten, Wagen anzuhalten, auf deren Nummernschildern »AO077«, »WO077«, »MO077« oder »SO077« steht. Dahinter versteckt sich der Kreml. So rot kann keine Ampel sein, dass sie ein Stoppen der Amtsgeschäfte rechtfertigen würde.

Nicht weniger töricht wäre es für den gemeinen Gesetzeshüter, wenn er sein schwarz-weißes »Stopp-Stäbchen«, das aussieht wie ein Staffelstab für 4-x-400-Meter-Läufer, bei vorbeisausenden Nummernschildern des Typs »AAA99«, »AAA97«, »EKCh77« oder »ChKCh77« zum Einsatz bringt. Denn hier rast der Geheimdienst in wichtiger Mission. »EKCh«, was der

Volksmund mit »Edu kak chotshu« – »Ich fahre, wie ich will« übersetzt. Oder, für den, der es etwas deftiger liebt: »Ich bumse, wenn ich will.« Weniger gefährlich für den einfachen »GAI«, aber doch eine immer noch harte Nuss beim Anhalten und Bestrafen sind Autos des Zolls (SSS99), der Moskauer Innenverwaltung (AMM77) oder des Kommunikationsministeriums (SSS77), mit dem in Sachen »Freie Fahrt« nicht zu reden ist.

Das Kastensystem hat seine Ursprünge noch in der Sowjetzeit, als Leonid Breschnew mit der Nummer 0001 ungebremst wie eine Lawine durch Moskau rollte. Hielt sich die Zahl der Wagen mit angeschraubter Vorfahrtgarantie zu kommunistischen Zeiten noch in Grenzen, sind die »Freie-Fahrt-Kennzeichen« in Moskau inzwischen fast häufiger anzutreffen als alte Sowjet-Kübel der Marke Moskwitsch. Der Grund für die Inflation der Freifahrtszeichen ist, dass ausgerechnet die allgegenwärtige Bestechlichkeit gleichmacherische Schneisen in das Kastensystem der Apparatschiks gerissen hat. So darf sich mittlerweile jeder hergelaufene Autobesitzer ein Zoll-Nummernschild schon für 3000 Dollar im Jahr anschrauben, und selbst Geheimdienst-Nummern sind schon ab 4000 Dollar zu haben.

Doch es drohen Risiken und Nebenwirkungen. Die Gefahr liegt im »Kleingedruckten«, den juristischen Finessen, die den Deal erst möglich machen: Für das Leben auf der Überholspur muss der Besitzer nämlich seinen Wagen offiziell der jeweiligen Behörde überschreiben, also schenken. Er bekommt im Gegenzug eine sogenannte »Lenkungsvollmacht« für ein Jahr.

Wenn er Pech hat, sieht er den eigenen Wagen nach

dieser Frist nie wieder. Wer ist denn so blöd und lässt sich darauf ein? Nur für freie Fahrt seinen Wagen aufs Spiel setzen? Solche Fragen können nur Deutsche stellen. Für einen neureichen Moskauer, der etwas auf sich hält, ist ein Jahr freie Fahrt sehr viel mehr wert als ein Auto. Schließlich kursierten bis vor kurzem Witze, dass die Oligarchen ihre Wagen wechseln, wenn der Aschenbecher voll ist.

Wer kleinkariert ist und das Risiko scheut, wendet sich am besten gleich ans Präsidialamt, wo es eine Alternative mit mehr Rechtssicherheit gibt, zumindest für das Eigentum am Wagen. Angeblich sind korrupte Beamten in den Behörden nicht abgeneigt, »Immunität« auf der Straße leihweise gegen saftige grüne Dollars feilzubieten. Der staugeplagte Moskauer Geschäftsmann könne sich Autos aus Putins Fuhrpark mieten, Vorfahrt inklusive, Blaulicht gegen Aufpreis, berichtete die Zeitung »Nowaja gaseta« – und druckte die telefonischen Verhandlungen eines getarnten Reporters mit einem Kreml-Beamten ab.

Der verlockende Traum von der »freien Fahrt für freie Kunden« kann aber durchaus schon beim nächsten Verkehrspolizisten sein böses Ende nehmen. So mancher Anfänger soll ein dickes Dollarbündel für Kennzeichen mit den Buchstaben »OOO« oder den Ziffern »99999« auf den Amts-Schreibtisch gelegt haben – nichtsahnend, dass er sich eine Luftnummer geangelt hat. Die sehen zwar schön aus – wirken aber allenfalls auf junge Mädchen und nicht auf alte Verkehrspolizisten. Vorfahrt im Kastenwesen will eben gelernt sein.

Untreue im Taxi

Jeder, der mit dem Flugzeug in Moskau ankommt, kann sich ein klein wenig fühlen wie ein Staatschef. Nicht etwa, dass selbst für den gemeinen Fluggast der Economy-Klasse ein roter Teppich vor der Gangway ausgerollt und eine Rolls-Royce-ähnliche Tschaika-Limousine vorfahren würde. Doch kaum hat der Fluggast die Zollkontrolle hinter sich gebracht, erwartet ihn ein Empfangskomitee, das zumindest in der Zahl der Personen alles übertrifft, was der durchschnittliche Staatsgast, wenn er nicht gerade Präsident der Vereinigten Staaten von Amerika ist, am Regierungsflughafen Wnukowo-2 erwarten darf.

Allerdings sind es keine blassen Staatsdiener mit gefrorenem Lächeln und Aktenkoffer oder Blondinen mit Blumensträußen, die auf die eintreffenden Moskau-Besucher oder -Heimkehrer warten – sondern Taxifahrer mit meist eher rohen Umgangssitten, denen mancher genervte Fluggast eine lästigere Aufdringlichkeit nachsagt als einem Schwarm von Stechmücken im sibirischen Hochsommer.

Das Vortäuschen von fehlenden Sprachkenntnissen hilft ebenso wenig weiter wie gespielte oder echte Begriffsstutzigkeit. Und selbst elementare Kenntnisse des russischen Mats, also der nicht druckreifen Mutterflüche, erweisen sich als erfolglos. Wer nicht mit einem vorab bestellten Wagen aufwarten kann oder rettenderweise von einem Freund oder Bekannten abgeholt wird, der muss versuchen, sich schnellstens durchzuboxen, ohne Rücksicht auf die Grundregeln eines gesitteten Miteinanders.

Vor allem Vertreterinnen des schwachen Geschlechts fällt das nicht immer leicht. Umso mehr, wenn sie ein besonders mitfühlendes Herz haben und sich bei ihnen ein gewisses Mitleid mit den auf Beute wartenden Taxifahrern mit dem verständlichen Wunsch vermengt, so schnell wie möglich nach Hause zu kommen. Was natürlich eine Illusion ist. Wie es jetzt auch schmerzhaft Irina am eigenen Leib erfahren musste.

Entweder muss Irina noch dem Zauber Londons erlegen sein, oder sie war noch nicht ganz aus Morpheus' Armen entschlüpft, als sie morgens um sechs Uhr dem Nachtflug von London-Heathrow nach Moskau-Scheremetjewo-2 entstieg. Trotz der frühen Stunde stand schon ein Empfangskomitee von einem guten Dutzend Taxifahrern bereit. Und bei einer derart attraktiven Kundschaft legten sie sich offenbar gleich mit doppeltem Elan ins Zeug. Einer von ihnen, ein besonders Junger, wie sich Irina erinnert, schaffte es, ihr Herz zu erobern – mit einem Preis von 1500 Rubel, rund 42 Euro.

Doch Irinas Verwunderung war groß, als ihr der vermeintliche »Taxist«, kaum als sie das Flughafengebäude verlassen hatten, erklärte, dass er gar kein solcher sei, sondern nur eine Art »Taxi-Makler« – der versprochene Fahrer warte noch außerhalb des Flughafengebäudes, stehe aber buchstäblich in den Startlöchern und es könne sich nur noch um Sekunden handeln, bis sie endlich Kurs auf ihr trautes Heim nehmen könne.

Pustekuchen. Irina wartete und wartete, ihr Kopf wurde immer schwerer, und nichts geschah. Bis plötzlich ein Taxi vorfuhr – allerdings nicht das bestellte.

Optimistisch und mit ihrem unerschütterlichen Glauben an das Gute im Menschen hielt Irina den Wagen an – und glaubte ihren überdies sehr müden Ohren nicht zu trauen, als ihr der Fahrer, ein alter, freundlicher Mann, anbot, sie für 1200 Rubel – also 33 Euro – dem Himmelreich in Form eines Bettes näherzubringen und damit auch noch ihre Haushaltskasse um 300 Rubel zu entlasten. Irina sagte freudig zu und fing schon an, ihr Gepäck in den Wagen einzuladen.

Jeder normale Mann hätte im Anblick von Irinas glückseligem Lächeln sicher reine Freude empfunden und wäre unfähig zu jeder Arglist gewesen. Nicht so der »Taxi-Makler«. Er geriet regelrecht in Rage, wie ein Ehemann, dessen Frau untreu ist, und in seiner Wut knüpfte er sich den »fremden« Taxi-Fahrer vor: »Fahr weiter, sonst wird es dir schlecht ergehen!« Ob der alte Mann nun schlecht hörte oder einfach angesichts seines Alters nicht mehr sehr furchtsam war – er reagierte jedenfalls nicht. Der junge Heißsporn setzte nach: »Weiter als bis zu den Toren des Flughafens wirst du nicht kommen.« Doch der betagte Fahrer, die 1200 Rubel offenbar fest vor Augen und in Gedanken schon im Geldbeutel, blieb hart. Was den Taxi-Wüterich nur noch wütender machte: »Ich werde dich später finden, mach dich darauf gefasst!«

Irina versuchte, sich in den harten Männerdisput einzumischen. Aber der Makler tat so, als höre er sie nicht, als sei sie Luft. Es interessierte ihn kein bisschen, dass Irina nur noch nach Hause wollte und keine Lust mehr hatte, noch länger zu warten. Die Verhandlungen zogen sich hin …

Taxi-Fuhren vom Flughafen in die Stadt sind in Moskau seit jeher begehrt wie einst mittelalterliche

Bergfestungen an lukrativen Handelswegen. Manche scheuen sich nicht, sogar von organisiertem Raubrittertum zu sprechen. Als im Dezember 2004 die Firma »Moscab« eine Ausschreibung als offizielles Taxi-Unternehmen des Flughafens Scheremetjewo gewann und die Kunden künftig zu deutlich billigeren Festpreisen in die Stadt bringen wollte, lag einige Wochen später der Direktor des Unternehmens, Felix Neimann, mit einer Kugel im Kopf vor seinem Hausaufgang. Kaum jemand in Moskau zweifelte daran, dass es sich hierbei um die Rache der Taxi-Mafia handelte.

Und so war es wohl ein kluger und vor allem gesunder Entschluss des älteren Taxi-Fahrers, dass er sich der Gewalt beugte. Er ging mit dem »Makler« zur Seite und steckte ihm einige abgegriffene Geldscheine zu. Nur Irina sah die Trauer in den Augen des alten Mannes am Steuer. Mit der tiefen und schönen Seele, die russische Frauen allgemein und Irina ganz besonders auszeichnet, spürte sie, dass er dem verlorenen Geld im Stillen nachweinte – aber zugleich Hemmungen hatte, seine freundliche Passagierin zur »Nachkasse« zu bitten. Mitfühlend, wie unsere gute Fee Irina ist, löste sie das Problem auf ihre sanfte Art – und zahlte ihm statt der vereinbarten 1200 Rubel freiwillig 1500. In Irinas Augen kein zu hoher Preis für die strahlenden Augen eines alten Mannes.

Das Geheimnis der »Rakuschkas«

Der erste Blick täuscht. Es sind keine Hütchenspiele, die da auf Moskaus Straßen stattfinden. Und erst recht keine Dauer-Bauarbeiten. Dass die rot-weiß gestreiften Plastikhütchen – in der Fachsprache Pylonen, früher auch unter dem schönen Begriff »Verkehrsleitkegel« bekannt – so oft in Bürgersteignähe anzutreffen sind, hat ganz profane Gründe. Das begriff ich nach einem Zwischenfall, der nachts um zwei Uhr mit einem plötzlichen Sturmläuten an meiner Wohnungstür begann. Schlaftrunken öffnete ich die Tür und sah einen mickrigen Mittvierziger in Lederjacke und Leninmütze, Typ Wachmann im Wäschesalon, der sich aufgeregt vor mir aufblies. Nachdem mein müdes Hirn die Schimpfwörter analysiert hatte, wurde mir klar, was sein Begehr war: Offensichtlich hatte ich mein Auto auf »seinem« Parkplatz abgestellt.

Es war naiv, zu entgegnen, dass mein Wagen auf einem ganz normalen Stellplatz vor dem Haus stehe, der nicht als Privatplatz auszumachen sei. Der aufgebrachte Nachbar erklärte mir, er stelle seinen Lada dort schon seit fünfzehn Jahren ab: »Als du noch in die Windeln machtest«, was in diesem Fall sicher kein Kompliment für mein jugendliches Aussehen war. Ich war dumm genug, mich trotzig zu geben, und knallte dem Typen genervt die Tür vor der Nase zu.

Am nächsten Tag gaben mir meine russischen Freunde einen Einblick in die empfindliche Psyche von privaten Parkplatzpiraten: »Stell deine Karre bloß nie wieder auf diesen Platz, sonst wird eines Tages der Lack verkratzt sein. Oder der streut dir Körner aufs

Dach, und dann picken es dir die Tauben kaputt. Das ist schlimmer als jeder Hagelschaden!« Ich hätte diesem Ehrenmann von Nachbarn nie so gemeine Absichten unterstellt – aber es konnte sicher nicht schaden, meinen Wagen fortan in gebührender Entfernung zu seinem Privatparkplatz abzustellen.

Inzwischen sind die Sitten rauer geworden, und jeder nimmt sich ein Stück der Straße, das er kriegen kann. Firmen, Geschäfte und Restaurants sperren in Moskau einfach einen Teil von Fahrbahn oder Gehweg vor ihren Gebäuden mit Ketten ab und machen Parkplätze für ihre Kunden daraus. Strenge Wachmänner verhindern, dass Unbefugte auch nur auf die Idee kommen, ihren Wagen dort abstellen zu wollen, obwohl es ja normaler öffentlicher Raum ist.

So begehrt sind Parkplätze inzwischen in der russischen Hauptstadt, in der es kaum Parkhäuser gibt, dass mancher Autobesitzer zu ausgefallenen Taktiken greift. Bei mittelalterlichen Schlossherren konnte man anhand der Fahne auf dem Turm ausmachen, ob sie gerade zu Hause weilten – bei meinem Nachbarn wird das durch einen anderen mobilen Platzhalter angezeigt. Der findige Mann hat gleich zwei Ladas gekauft: einen, mit dem er fährt, und einen etwas zerknautschten, mit dem er zwei Parkplätze blockiert. Genauer gesagt: den Gehweg.

Wenn der stolze Doppel-Wagenbesitzer zu Hause ist, stehen die beiden Wagen Stoßstange an Stoßstange und füllen fast haargenau den Platz zwischen Hauswand und Rinnstein. Wenn er mit dem guten Lada wegfährt, bleibt nur der zweite Wagen als Platzhalter vorne zurück – und blockiert so den hinteren Parkplatz. Dass damit jede Ausfahrt zu einer Art Dressurreiten mit Hin- und Hermanövrieren von zwei Autos wird, scheint den Mann weniger zu stören als die Aussicht, keinen eigenen Parkplatz zu haben.

Des einen Not, des anderen Verdienst. Bei meinem Vermieter, der UPDK, einer Tochterfirma des Außenministeriums, scheinen die Parkplätze ein lukratives Geschäft zu sein – zumindest für die Wachleute. Die stellen stets auch außerhalb des Wohngeländes auf der Straße ihre Verkehrshütchen und sonstige sperrige Gegenstände auf – und halten so den Besitzern der teuersten Wagen in der Nachbarschaft Privatparkplätze frei. Natürlich gegen einen gewissen Obolus.

Dabei sind die Verkehrshütchen ein großer Fortschritt. In den neunziger Jahren schossen in Moskau die sogenannten »Rakuschkas«, auf Deutsch Muscheln, aus dem Boden: hässliche Metallhäuschen, eine Art wilde, eher schlampig aus Metallwänden zusammengeschweißte Garage, die wie eine Muschel einen Wagen überdeckt. Nach Gusto der Autobesitzer verschandeln sie bis heute Höfe, Straßen und Grünflächen und trotzen allen Versuchen der Stadtverwaltung, Ordnung zu schaffen.

Doch Moskauer Autofahrer sind Waisenknaben im Vergleich zu ihren Kiewer Kollegen. In der ukrainischen Hauptstadt bohren Kfz-Besitzer zuweilen einfach eine Art kleinen Rammbock in die öffentliche Straße. Mit einem Schloss versehen, lässt sich dieser aufstellen, wenn man wegfährt, und blockiert so einen Platz auf der Straße. Eine etwas unsanfte Art des Parkplatz-Reservierens – wie ich mich überzeugen musste, als die Stoßstange meines Wagens Bekanntschaft mit einer dieser Eigenbau-Parkanlagen machte.

Für Deutschland scheint dieses Know-how nur bedingt geeignet. Als ich einem deutschen Polizisten von der Kiewer Innovation berichtete, fiel der aus allen Wolken. Er riet strikt davon ab, in Deutschland ein entsprechendes Patent zu beantragen. Sollte das Modell bei uns Nachahmer finden und jemand einen Platzhalter in den Asphalt vor seinem Haus bauen, werde er wohl noch vor dem Staatsanwalt einen Psychologen rufen, so der Beamte.

Auch andere Gewohnheiten aus dem Osten sind in Deutschland nur bedingt zur Nachahmung zu empfehlen. Im Zentrum von Moskau gibt es seit einigen Jahren Parkwächter, Russlands Antwort auf die Parkuhr in Deutschland. Die Männer, wegen ihrer grünen Uniformen auch als Mars-Männchen verspottet, kassieren direkt vor Ort ab. Dass die Stadtverwaltung diese Inkasso-Form zeitweilig verbot, tat der Sammelfreude der Parkwächter keinen Abbruch. Kein Wunder, hält sich doch hartnäckig das Gerücht, dass viele von ihnen einfach ohne jede Berechtigung eine Uniform anziehen und auf eigene Rechnung moderne Wegelagerei betreiben. Regelmäßig werden so auch freundliche Menschen zum »Zechpreller« – und fahren den wild gestikulierenden und laut schimpfenden Parkwächtern einfach davon, ohne zu zahlen. Konsequenzen sind in Moskau nicht zu befürchten – womit dann endlich auch mal der Normalbürger von der allgegenwärtigen Rechtlosigkeit profitiert.

Nachsitzen am Flughafen

Schon kurz nach dem Einsteigen hatte ich ein seltsames Gefühl. War ich im Heimaturlaub geschrumpft, oder warum kamen mir die anderen Passagiere so viel größer vor? In der gesamten Business-Klasse schien niemand zu sitzen, der weniger als 2,20 Meter groß war. Ich rieb mir mehrfach die Augen, bis ich auf einer der Taschen dieser Riesen »Los Angeles Clippers« und NBA las – es waren Basketball-Spieler, und es muss beruhigender sein, sie von der Tribüne über das Spielfeld rennen zu sehen, als ihnen in einem Flugzeug zu begegnen.

Die 2,20-Meter-Riesen mögen gigantische Kräfte in ihren Händen haben, wenn sie einen Ball in die Finger kriegen – mit Kugelschreibern und dem Alphabet taten sie sich jedenfalls schwerer. Dafür schienen sie das Teamspiel umso mehr verinnerlicht zu haben: Beim Ausfüllen der Einreiseformulare ging es denn auch in der Business-Klasse so lautstark zu wie bei den Preisverhandlungen auf einem russischen Basar, wenn eine neue Lieferung Hühner eingetroffen ist – zäh und mühselig kämpften sich die Korb-Giganten durch die Niederungen der Formular-Bürokratie.

Die meisten der sehr, sehr hohen Herren machten eigentlich keinen besonders aggressiven Eindruck. So war es denn wohl auch ein überzogenes Sicherheitsdenken der Flugbegleiter, dass sie die armen Los Angeles Clippers nicht darauf aufmerksam machten, dass sie die Hälfte ihrer Flugzeit statt mit Bordmenü und Champagner mit den völlig falschen Formulare vergeudet hatten: Statt der russischen »Immigrationskarten« hatte das Bordpersonal irrtümlich Einreisepapiere für das englische Königreich ausgeteilt. Der Zorn dieser Muskelpakete, so war offenbar das Kalkül der Besatzung, solle sich besser erst in der Ankunftshalle entladen und nicht in hohen Lüften zu unvorgesehenen Turbulenzen führen.

Meinem geübten Auge war der Fauxpas mit den Formularen nicht entgangen. Mein entsprechender sanfter Hinweis an die diensthabende Stewardess wurde von dieser so dankbar registriert, als wenn ihr Liebster ihr eröffnet hätte, sie müsse mal was gegen ihre Problemzonen unternehmen. Dabei waren wir mit der Lufthansa unterwegs, deren Kundenfreundlichkeit üblicherweise die von Aeroflot um einiges übertrifft.

So rückte das Unheil näher. Die stolzen Clipper boten nach der Landung ein Bild des Elends, als ihr ganzes Team von den russischen Grenzbeamten quasi disqualifiziert und ins Abseits geschickt wurde – zum Nachsitzen, jetzt mit den richtigen, also russischen Formularen. Gott sei Dank habe ich nach einschlägigen Erfahrungen in diversen langen Warteschlangen inzwischen immer selbst einen Satz Einreiseformulare mit im Handgepäck. Aufgrund dieses Erste-Hilfe-Sets kam ich ebenso wie die Russen, die für ihr Heimatland kein Einreiseformular auszufüllen brauchen, schnell an den Herren und Damen der Passkontrolle vorbei.

Kaum war eine Viertelstunde vergangen – die Clippers waren immer noch brav am Ausfüllen –, schon setzte sich ratternd und ruckelnd das Gepäckband in Bewegung. Doch siehe da: Statt Hartschalenkoffern oder Taschen kamen gewaltige Säcke zum Vorschein, mindestens so lang wie deren offensichtliche Besitzer – die Clippers. Man hätte auf die Idee kommen können, sie hätten ihr B-Team als Sperrgepäck aufgegeben. An den Mischungen aus Schlafkabinen und Kartoffelsäcken baumelten allesamt »Priority«-Aufkleber – Gepäck aus der Business-Klasse, das schneller ausgeliefert wird als die Koffer von Normalsterblichen.

So groß das Clipper-Gepäck war, so klein sind die Gepäckbänder am Moskauer Flughafen Scheremetjewo, dem schönsten Flughafen-Museum in Europa, das leider auch noch als echter Flughafen dienen muss. Und so konnte ich nach einer weiteren Viertelstunde die Namen der Basketballer, die auf die endlos kreisenden Taschen gedruckt waren, daherbeten. Solange die Clippers noch an der Passkontrolle ihren Kampf gegen das Alphabet ausfochten, blockierten ihre Taschen den ganzen Gepäckkreislauf.

Meine Füße waren schwer, es war kurz vor Mitternacht, die ratlosen Mienen der Ball-Giganten machten mir auch keine Hoffnung, dass sie ihre Formularschlacht bald gewinnen würden, und so griff ich zur Selbsthilfe: Der Mensch wächst – besonders an Gepäckbändern – an seinen höheren Zwecken, und ich entwickelte ungeahnte Kräfte. Heldenhaft zog ich eine Tasche nach der anderen vom Band und stapelte sie nebenan – in der Hoffnung, dass so irgendwann auch einmal für meinen Koffer ein Plätzchen auf dem Band frei werde. Die anderen Gäste beäugten mich teils argwöhnisch, teils amüsiert. Ich bat sie um Hilfe – keiner regte sich, bis auf einen wagemutigen Franzosen – offenbar der einzige Ausländer, der den Formularkrieg an der Grenze schon hinter sich hatte.

Ich hatte vielleicht zwei Dutzend Taschen verräumt, als mich plötzlich jemand an der Schulter packte: »Lass den Scheiß, Finger weg, du Hure!« Ich drehte mich verwundert um. Ein junger Mann, fast so breit wie groß und mit dicker Hornbrille, schien in seinem Urlaub alle Flüche und Aggressionen für seine Rückkehr aufgespart zu haben: »Was fällt dir ein, hier fremde Gepäckstücke anzufingern? Das hat niemand erlaubt.« Ich erklärte ihm, dass dies die einzige Möglichkeit sei, schnell an das eigene Gepäck zu kommen – auch für ihn: »Finger weg, sage ich«, krakeelte er uneinsichtig zurück. Die Diskussion zog sich noch ein paar Minuten hin. An den schweigenden, finsteren Mienen der anderen Passagiere konnte ich ablesen, dass ich den Streit nicht gewinnen konnte. Als die Front des Schweigens bröckelte und die Ersten Partei für meinen Widersacher ergriffen, wurde mir klar, dass Widerstand zwecklos war.

»Lassen wir es, es ist sinnlos«, sagte ich resigniert zu meinem Helfer, dem Franzosen, der gerade nach der nächsten Tasche gegriffen hatte und nur noch Bahnhof verstand. »Warum?«, frage er mich mit weit aufgerissenen Augen. »Stellen Sie hier nie diese Frage«, sagte ich ihm schulterzuckend: »Sie würden darüber verrückt werden.«

RUSSLAND LIEBEN

Das Glück von einst

Früher war das Glück greifbar. Eine Tafel Schokolade der Marke »Puschkin«, 300 Gramm Käse »Sowjetski« oder eine Schachtel »Kosmos«-Zigaretten: Als im Kreml noch Generalsekretäre herrschten und in den Geschäften der Mangel, waren es die kleinen Dinge, die den Menschen Freude bereiteten. »Unsere Läden sind so sexy wie nirgends in der Welt« – mit diesem geflügelten Wort machten sich viele Russen Ende der achtziger Jahre über die Mangelwirtschaft lustig: »Alle Verkaufsregale sind nackt.«

Seit Jelzins Crashtest mit der freien Marktwirtschaft herrscht Überfluss statt Mangel. Von der Erotik nackter Regale keine Spur mehr, denn alle Verkaufsflächen sind gut bedeckt. Vom Weißbier aus Bayern über Haribo-Gummibärchen bis hin zum französischen Edelschimmelkäse ist alles zu kaufen, wenn auch für hohe Preise.

Der vom Konsomolzen, wie die Mitglieder des kommunistischen Jugendverbands hießen, zum Konsumenten transformierte Kunde ist nun König. Doch seit selbst erlesenste Leckerbissen, von denen man früher in seinen kühnsten Träumen nichts ahnen konnte, in jedem Laden feilgeboten werden, wird die Suche nach dem kleinen Glück immer schwieriger. Noch zu den Hochzeiten der Perestroika war es eines der höchsten Gefühle, wenn ich nach einem »Kundschaftergang« durch ein Dutzend Geschäfte endlich irgendwo Milch fand. Meistens gab es nicht mehr als drei Liter für jeden »Kunden« – was natürlich das falsche Wort ist, denn die Milch wurde nicht wie im Kapitalismus »verkauft«, sondern im Sinne der Völkerverständigung nach langem Schlangestehen »rausgegeben«.

Bekanntschaften mit und freundliche Beziehungen zu Verkäuferinnen und anderen Verwaltern der sogenannten Distributionssphäre waren in der UdSSR ähnlich unverzichtbar wie heutzutage ein gutes Gehalt: Denn nicht das Geld regulierte den Warenfluss, sondern die Verfügbarkeit der Güter. Auch mit noch so vielen Rubeln in der Tasche konnte man nichts kaufen, wenn man nicht die richtigen Kontakte hatte.

Und so wurde der Wert einer Ware weniger in Geld bestimmt als in Wartezeiten: »Preisgünstig« und folglich wenig zeitraubend zu haben war Algensalat aus dem Pazifik – leider war er völlig ungenießbar. Wenn es um die Wurst im Wortsinne ging, musste man gut und gerne mehrere Stunden Wartezeit einplanen, was moderne Manager als »mittelpreisiges« Produkt bezeichnen würden. Autos waren nicht nur wegen der zu sparenden Rubel, sondern auch wegen der oft zehnjährigen Wartezeit im »Hochpreis-Bereich« angesiedelt.

Dass ich in meiner Studienzeit in Moskau in den frühen neunziger Jahren nicht vom Fleisch fiel, verdankte ich vor allem zwei Frauen. Da war zum einen Tamara. Sie sprach so schnell, wie eine Kalaschnikow schießt, und war die verschmitzte Kassiererin im »Magazin«, sprich Geschäft, an der Nikolskaja, fast in Sichtweite des Kreml. Sie trug ihre Frisur wie eine Bergfestung und einen Kittel, der vor langer Zeit wohl einmal weiß gewesen war. Ich vermute heute, dass ihr Mutterinstinkt für mich geweckt wurde, als ich plötzlich – für russische Verhältnisse nur ein Strich in der Landschaft – in der Warteschlange stand. Fortan erhielt ich gegen einen kleinen Aufpreis zweimal wöchentlich Tamaras Care-Pakete am Hintereingang, die so üppig ausfielen, dass ich damit meine Vermieter noch mitversorgen konnte.

Und da war Valentina: mein kulinarischer Engel vom »Praga«, dem Nobel-Restaurant in historischem Ambiente direkt am Arbat, der einzigen Flaniermeile in der Millionenmetropole. Ende der achtziger Jahre gab es in der ganzen Stadt nur ein paar Dutzend Restaurants. Für Normalsterbliche endete der Restaurantbesuch bereits beim Pförtner. Dessen Aufgabe bestand darin, die Warteschlange zu dirigieren und überflüssige, weil nicht devisen-zahlungskräftige Besucher abzuwimmeln. Nachdem ich einen solchen Türsteher der Restaurantleitung einmal mit fünf Dollar milde gestimmt hatte, kam mir Valentina mit ihrem schwarzen Rock und ihrer weißen Schürze auf dem Gang entgegen.

Es muss so etwas wie Liebe auf den ersten Blick gewesen sein: Valentina war, wie sich später herausstellte, auf der Suche nach einem Schwiegersohn. Ich auf der Suche nach Essbarem. Für zehn Dollar bereitete sie mir ein »Tischlein deck dich« – Kaviar und Krimsekt inklusive. Manchmal blickte sie später etwas säuerlich, wenn ich ihre Gastfreundschaft in weiblicher Begleitung nutzte und damit ihrer Schwiegersohn-Such-Strategie in Gefahr brachte – aber meine

Liebe zu Valentina ging primär durch den Magen. Trotz ihrer kleinen Eifersüchteleien hätte ich dieses kulinarische Techtelmechtel nicht missen wollen.

Dann kam der Umbruch, Jelzins Wirtschaftsreform 1992. Mit einem Schlag waren die Läden voll – und die Taschen leer. Restaurants schossen aus dem Boden wie »Pilze nach dem Regen«, wie die Russen sagen. Für zehn Dollar gab es selbst im »Praga« bald nur noch saure Gurken. Notgedrungen wurde ich Valentina untreu – wir waren mit einem Mal in unterschiedlichen Preisklassen.

Und die Entwicklung ging immer weiter. Heute ist in Moskau nichts mehr, wie es einmal war. Lebensmittel kommen per Mausklick im Internet nach Hause, das Abendessen bringt der Pizzaservice, die Hausgeräte kommen via Katalog aus Deutschland. Nur die Bürokratie gibt sich noch Mühe und tut alles, um den Menschen ein wenig Freude zu bereiten: Wer hätte kein nostalgisches Glücksgefühl, wenn er nach Monaten des Wartens endlich einen dringend benötigten Auslandspass bekommt, bei der Einreise am Flughafen nach einer Stunde endlich die Passkontrolle hinter sich gebracht hat oder nach vier langwierigen Behördengängen den Registrierungsstempel in seinen Pass erhält, den er als privat reisender Tourist braucht?

Dieses bürokratische Kontrastprogramm ist bitter nötig, um die nationale Identität nicht vollends durcheinanderzubringen – sind doch selbst einst so gewiss zu erwartende Abenteuer wie das Tanken nicht mehr das, was sie einmal waren. Nicht umsonst hatten Tankwarte im Sowjet-Russisch den Spitznamen »Könige der Zapfsäule«. Bis Anfang der neunziger Jahre gab es oft stundenlange Warteschlangen. Da habe ich so manche Nacht vor der Tankstelle im Auto verbracht in der bangen Hoffnung, dass die Benzinvorräte nicht wieder just in dem Moment zu Ende gehen, wenn mich nur noch mein Vordermann vom Zapfhahn trennt.

Paradoxerweise wurde der Treibstoff trotz des Mangels oft literweise verschüttet: Das Benzin war nämlich nicht teuer, sondern nur rar. Wenn es einmal da war, kostete es nur Kopeken. Deshalb bestellte man beim Tankwart, der hinter den winzigen Fenstern im Kassenhäuschen allenfalls in Umrissen zu erahnen war, immer das »Maximum«, 40 Liter, rannte dann vor den Augen der ungeduldigen Warteschlange zurück zu seinem Wagen, klopfte oder trat energisch gegen die Zapfsäule – und goss dann so lange ein, bis das Benzin oben aus dem Tank in die freie Natur schwappte – eine automatische Abschaltfunktion war diesen Zapfsäulen so fremd wie einem Klappfahrrad ein Airbag.

Nach so einer Tankaktion fuhr man überglücklich nach Hause, wo man wie ein Held begrüßt wurde – waren doch die nächsten Einkaufsfahrten und Überland-Ausflüge erst einmal gesichert. Ganz anders heute: Das Tanken ist zu einem noch banaleren Vorgang als im Westen geworden – selbst die Preise sind mit rund 50 Cent pro Liter human. An guten Zapfsäulen gehen einem dienstfertige »Einfüller« in Uniform zur Hand, und während sie volltanken und die Windschutzscheibe wienern, vertreibt man sich im »Shop« mit frisch gebackenem Kuchen die Zeit – oder kauft ein, um dann alles zusammen mit der Kreditkarte zu bezahlen. Tank, Kofferraum und Magen sind voll. Man setzt sich ans Steuer. Und da spürt man, dass etwas fehlt: das Glücksgefühl von einst.

Kollegen als Alibi

Der Mensch ist dem Menschen ein Wolf, wussten schon die alten Römer. Und nicht erst seit der Finanzkrise gilt das antike Motto im modernen Arbeitsleben, ja sogar unter verschärften Vorzeichen – die Fernsehserie »Stromberg« lässt grüßen. Dabei ist der Ellenbogen als Haupt-Arbeitsinstrument nicht internationaler Standard. Statt seinen Kollegen eins auszuwischen, ist es in Russland üblich, ihnen aus der Patsche zu helfen – vor allem dann, wenn sie »fahnenflüchtig« sind.

Immer wieder werfen westliche Politiker Moskau die Verletzung von Menschenrechten vor. Zumindest im Arbeitsalltag sind die aber in mancherlei Hinsicht besser geschützt als im alten Europa und in den USA: das Recht auf Freiheit nämlich, insbesondere auf Freizügigkeit, speziell in der Arbeitszeit. Wacht in vielen deutschen Betrieben eine Stechuhr darüber, dass kein Mitarbeiter auch nur eine Minute umsonst bezahlt wird, so sorgen in Russland die Kollegen dafür, dass der Werktätige gegenüber dem Kapital – also dem Arbeitgeber – nicht allzu schlecht wegkommt.

»Wie schützen Sie Ihren Kollegen vor den Vorgesetzten?« – diese provokative Frage stellte die russische Tageszeitung »Trud« (auf Deutsch: Arbeit), bis Ende der achtziger Jahre noch Gewerkschaftszeitung, ihren Lesern. Wie zu erwarten war, taten sich wahre Abgründe auf – aus Sicht der Arbeitgeber. Oder paradiesische Zustände – aus Arbeitnehmersicht. Es ist wohl eine Spätfolge des Kommunismus, dass die Menschen in Russland gegenüber jeder Art von Vorgesetzten und

Obrigkeit mehr zusammenhalten – weil sie die tendenziell eher als Feind und Ausbeuter sehen denn als Garant von Ordnung und Wohlstand. Die Regeln der Obrigkeit – bis hin zur Arbeitszeit – sind denn auch für viele Russen dafür da, umgangen zu werden.

Die »Trud«-Umfrage brachte unglaublichen Erfindungsreichtum zutage, wenn es darum geht, Arbeitskollegen zu decken. Maria, Texterin bei einer Werbeagentur, wandelte sich gar zur multiplen Persönlichkeit, um ihre Kollegen zu schützen. Ausgerechnet als alle drei schon Reißaus genommen hatten, bat ihre Chefin das Team um Ideen für Werbesprüche – von jedem mindestens vier. Maria musste sich 16 Slogans einfallen lassen und sandte diese dann von vier verschiedenen E-Mail-Adressen aus an ihre Chefin.

Der Marktforscher Nikita bekam es mit »heftiger Angst« zu tun, als er einer Kollegin, die einen ganzen Tag schwänzte, den »Rücken freihielt« – und just an diesem Tag mehrfach die Vorgesetzten nach ihr fragten. Nikita setzte zuerst auf eine schwache Blase und meldete mehrfach, dass die Frau ausgetreten sei. Als das nicht mehr glaubwürdig schien, erzählte er, die Kollegin sei zu Tisch: »Danach hatte unser Direktor offenbar andere Aufgaben und hörte auf, uns zu kontrollieren. Aber ich habe dennoch vor Angst gezittert, obwohl es ja nicht meine Schuld war, dass die Kollegin nicht arbeitete.«

Die Sekretärin Dinara deckt ihre Kollegen, indem sie bei Anrufen immer sagt: »Er war vor einer Sekunde noch am Platz, jetzt ist er offenbar gerade einen Moment weg.« Sie ruft die Schwänzer dann sofort per Handy an, damit sie gewarnt sind. Im Notfall verbindet sie auch schon einen Anrufer an das Handy von

Kollegen, ohne das zu verraten: »Er ist am Platz, ich stelle Sie jetzt rüber.«

Ein anderer Angestellter berichtet, wie er einem Kollegen eine Woche lang Alibi um Alibi bescherte, als der sich – ohne Urlaub genommen zu haben – in Ägypten unter Palmen sonnte: »Ich habe das mit gutem Gewissen getan, denn er ist ein guter und ordentlicher Arbeiter. Dem Chef habe ich gesagt, er sei die Woche im Außendienst. Wenn jemand sonst gut arbeitet, sind solche Sachen doch eine gute Motivation für ihn.«

Pawel, ein Verkaufsmanager, berichtet gar, dass er schon einmal zum Identitätstausch schritt, um einen Kollegen vor arbeitsrechtlichen Folgen und der Kürzung seiner Prämie zu schützen: Weil der Kollege aus familiären Gründen nicht zu einem Treffen mit einem Kunden kommen konnte, übernahm er einfach dessen Rolle – ohne dass irgend jemand Verdacht schöpfte. »Es ist bei uns eine ungeschriebene Regel, dass wir einander in jeder Situation aus der Patsche helfen«, sagt Pawel.

Nicht immer kommen die Beteiligten so glimpflich davon. Die Juristin Tatjana berichtet von einer Kollegin, die ihre Arbeit jeden Tag ein bis zwei Stunden vor dem offiziellen Feierabend verließ, weil sie ihr Kind aus dem Kindergarten abholen musste. Tatjana erfand immer neue Ausreden – zuletzt sagte sie dem Chef, ihre Kollegin sei in die Apotheke, um Arznei zu kaufen, weil sie sich schlecht fühlte. Der Chef erwies sich als guter Mensch, machte sich Sorgen um seine Mitarbeiterin, wollte sich um die vermeintlich Kranke kümmern – doch er wartete vergeblich auf deren Rückkehr aus der Apotheke. Statt Fürsorge gab es deshalb eine doppelte Abmahnung.

Trotz solcher Beispiele – zuweilen zahlt sich die Solidarität mehr aus als Ellenbogen. Und manchmal sogar mit Hochprozentigem. So bekam etwa der Analytiker Anton einen wütenden Anruf vom Chef, der dringend einen Bericht von seinem Kollegen haben wollte – der gerade mit seiner Freundin bei einem Schäferstündchen war. Notgedrungen vollendete Anton den Entwurf des Kollegen, obwohl es nicht sein Fachgebiet war. Als Dankeschön brachte ihm der Gerettete einen Kasten Branntwein.

Zuweilen geht die Solidarität unter Kollegen aber auch zu weit – wie im Falle einer Rentnerin aus Jekaterinburg im Ural. Ein Ex-Polizist hatte der Frau für eine Million Rubel (ca. 30 000 Euro) eine Wohnung »verkauft«, die ihm in Wirklichkeit gar nicht gehörte. Beim Kampf um Gerechtigkeit scheiterte die alte Dame am Zusammenhalt der »Ordnungshüter«: Innerhalb von zweieinhalb Jahren stellten sie das Ermittlungsverfahren gegen den Ex-Kollegen, dessen Frau weiter bei der Polizei arbeitete, sechsmal einfach auf eigene Faust ein. Dreimal lieferten sie die Unterlagen derart fehlerhaft ans Gericht, dass Justitia die Anklage zurückweisen musste. Erst als sich dank der Hartnäckigkeit der alten Dame nach 30 Monaten die Generalstaatsanwaltschaft einschaltete, kam wieder Bewegung in die Ermittlungen.

Der Kriminalfall im Ural zeigt: Die Solidarität unter Kollegen ist eine zweischneidige Sache. So angenehm sie für die Betroffenen sein kann – so wenig erfreulich ist sie etwa für einen Kunden, wenn er mit tropfender Nase vor verschlossenen Apotheken-Türen steht, weil die Mitarbeiterinnen gerade ihre Kaffeepause verlängern. Aber wäre es solche Risiken und

Nebenwirkungen nicht wert, wenn man dafür auch einmal selbst einfach ein paar Stunden den harten Arbeitsalltag schwänzen oder gar »Außendienst« unter Palmen machen könnte?

»Gitler« vor Goethe

»Wo sind die Deutschen? Wenn sie kommen, erschießen wir sie«, tönt es auf der schlecht befestigten Lehmstraße. Doch statt Angst und Schrecken ruft die martialische Drohung in einem kleinen Dorf der Provinz nur Schmunzeln hervor: Es sind zwei kleine Buben, die mit Plastikpistolen hinter dem Gartentor Krieg spielen. Mit mühsam unterdrücktem Lachen gehe ich auf die beiden zu: »Bitte, hier sind die Deutschen. Werdet ihr jetzt schießen?« Erschrocken springen die beiden Jungs zur Terrasse und suchen Schutz in den Armen ihrer Eltern.

»Nein, du darfst niemanden erschießen, nur weil er aus Deutschland kommt«, erklärt der Vater den beiden ernst: »Es sind nur die Faschisten, die böse sind – nicht die Deutschen. Das sind genauso gute Menschen wie wir.« Die beiden hätten zu viele Kriegsfilme gesehen, entschuldigt sich der Bauer: »Ihr Deutschen seid ein sehr tüchtiges Volk!«

Das Andenken an den »Großen Vaterländischen Krieg«, wie der Russlandfeldzug der Deutschen im Zweiten Weltkrieg von 1941–1945 genannt wird, ist zwischen Kaliningrad und Wladiwostok bis heute lebendig – in Filmen, Feiertagen und Erzählungen von

Veteranen. Doch die meisten Russen unterscheiden strikt zwischen »Nazis« – genannt »Fritze« – und »guten Deutschen, die selbst Opfer Hitlers wurden«. Fürchtete meine selige Großmutter in Bayern noch ihr Leben lang, dass »der Russ' einmarschiert«, so kam mir in Russland nie ein böses Wort in Sachen Deutschland zu Ohren. Allenfalls hörte ich augenzwinkernde Klagen, dass meine Landsleute ihre Restaurant-Rechnungen gerne mit dem Taschenrechner nachprüfen und mit dem Trinkgeld knausern würden.

Zwar glauben noch elf Prozent der Russen, dass die Menschen in Deutschland bis heute eine faschistische Grundeinstellung haben. Das sind aber deutlich weniger als in den USA, wo 32 Prozent der Befragten uns »Krauts« einen Hang zum Faschismus unterstellen.

Eindruck auf die Russen machen wir Germanen einer Studie der Friedrich-Ebert-Stiftung zufolge genau in den Punkten, bei denen sie ihre eigenen Schwächen sehen: Genauigkeit, Pünktlichkeit, Gesetzestreue und Höflichkeit. Andererseits werden uns auch Geiz, Berechnung und Egoismus attestiert. Unterentwickelt bei den Deutschen sind nach Ansicht der Russen dagegen Eigenschaften, die sie sich selbst zuschreiben: Güte, Gastfreundschaft, Geduld und Mut, aber auch Laxheit und Schlampigkeit.

Nicht zuletzt weil er diszipliniert und arbeitsam ist, erhielt Wladimir Putin den Spitznamen »Nemez« – »der Deutsche«. Der ehemalige KGB-Offizier diente zu DDR-Zeiten mehrere Jahre in Dresden, spricht ausgezeichnet Deutsch – und bekennt im persönlichen Gespräch, dass Deutschland seine zweite Heimat ist: »Meine jüngere Tochter sprach ihre ersten Worte auf Deutsch.« Sein »Preußen-Image« war im Wahlkampf ein Plus für Putin, glauben russische Meinungsforscher: »Germania« klingt nach Wertarbeit, nach Michael Schumacher, Mercedes und BMW. Manchmal wird sogar ironisch behauptet, dass mehr Ordnung im Land geherrscht habe, als mit Katharina der Großen in Petersburg noch eine Deutsche das Sagen hatte.

Gäste aus dem Land des einstigen Kriegsgegners gelten in Russland neben Franzosen als die beliebtesten Ausländer. Taxifahrer bieten Passagieren schon mal eine »Skidka«, einen Rabatt, an, wenn sie erfahren, dass sie aus Deutschland kommen. Selbst in Wolgograd, dem ehemaligen Stalingrad, das wie keine andere Stadt unter den Angriffen der Nazis leiden musste, zeigen die Veteranen keinerlei Hass – eher das Gegenteil: »Ja, wir haben gegeneinander gekämpft. Aber die Deutschen, die ich kennenlernte, waren anständige, tapfere Menschen«, eröffnete mir eine von den Jahren gebeugte, dekorierte Kriegsteilnehmerin im schlecht beheizten Zimmer des Veteranenverbands.

Trotzdem ist Hitler mit 37 Prozent in den Augen der Russen immer noch der bekannteste Deutsche – ebenso wie in den USA, wo er auf 34 Prozent kommt. Fast genauso häufig nannten die Russen aber mit 30 Prozent den Dichterfürsten Goethe – der es in den USA nur auf schlappe zwei Prozent brachte.

40 Prozent der Russen beherrschen »ein paar Worte« Deutsch – wobei es sich dabei wohl oft nur um die wenigen Phrasen handelt, die fast jedes Schulkind aus den Kriegsfilmen auswendig kennt: »Schweine-Partisanen«, »Hände hoch« und »Hitler kaputt«, ausgesprochen »Chende choch« und »Gitler kapudd«. Ich bin mir sicher: Wenn ich in dem kleinen Dorf nicht als Deutscher aus der Deckung gekommen wäre, die

beiden spielenden Jungs hätten mir eine solche Kostprobe ihrer Deutschkenntnisse geliefert.

Manchmal führen die deutschen Fremdwörter im Russischen gar zur Verwechslung. So blickte ich Igor verwundert an, als er mir zum ersten Mal »Ziegel, Ziegel« zurief. »Auf den Fuß oder gegen den Kopf schmeißen?«, wollte ich ihn schon zurückfragen, doch er hatte meine Überraschung bemerkt und erklärte mir, dass »Ziegel, Ziegel« im Russischen für »Schnell, schnell« steht. Sprachwissenschaftler glauben, es stamme nicht vom deutschen Ziegel(stein), sondern vom Wort »zügig« ab. Nicht ganz so missverständlich, aber doch tückisch, ist das russische »Butterbrod«; es stammt in der Tat vom Deutschen ab. Allerdings nennen die Russen so jedes Brot, das mit irgendetwas belegt ist – aber nicht unbedingt mit Butter – wie ich zum meinem Erstaunen feststellen musste, als ich meine ersten Gehversuche in der russischen Sprache machte und mich freute, ein bekanntes Wort wiederzuerkennen.

Als ich mir einen »Keks« bestellt, ging es mir nicht anders: Im Russischen ist der Keks ein kastenförmiger Kuchen. Die Aufforderung, zu einem Termin »mit Galstuch«, also Halstuch (das deutsche »h« wird als »g« ins Russische übertragen) zu kommen, bedeutet nicht etwa, dass man sich wegen großer Kälte einen Schal um den Hals binden soll: »Galstuch« heißt Krawatte.

Als selbst Zaren schon mal aus Deutschland importiert wurden, muss die deutsche Sprache in Russland wohl so beliebt gewesen sein wie heute das Englische bei uns. Selbst in der Werbung schmückt man sich mit deutschen Slogans. Der Schriftzug »Das ist phantastisch« prangt in riesigen lateinischen Lettern auf Plakaten einer Bierfirma in Moskau. Als Griechenland 2004 überraschend Fußball-Europameister wurde, kommentierte die Zeitung »Kommersant« den Triumph in Anspielung auf den deutschen Trainer Otto Rehhagel mit der Schlagzeile: »Cheil (Heil) Griechenland!«

Wenn das Deutschland-Bild in Russland trotz des Krieges positiv ist, liegt das auch an der DDR: Offiziell galt sie als Waffenbruder, im Alltag dienten Millionen Sowjet-Bürger zwischen Rostock und Dresden. Auch wenn sie oft wenig Kontakt zu Deutschen hatten, blieben bei den meisten doch angenehme Erinnerungen zurück – schon allein, weil die DDR für Sowjet-Verhältnisse beinahe ein Konsumparadies war.

Die engen Bande zwischen Russland und Deutschland reichen indes viel weiter zurück. Seit 1762 mit Katharina der Großen eine in Stettin geborene Prinzessin, die nur mit Akzent Russisch sprach, den Zarenthron bestieg, waren Deutsche in Russland allgegenwärtig. Siedler aus dem Schwäbischen und der Pfalz fanden in der Wolga-Steppe eine neue Heimat, Handwerker und Kaufleute hatten oft einen deutschen Zungenschlag, viele Russen ließen ihre Kinder von deutschen Hauslehrern unterrichten und ihr Vermögen von deutschen Verwaltern mehren. Deutschstämmige Beamte hatten in Polizei, Armee und Außenministerium das Sagen. Angeblich sollen sie dort deutsche Strenge und Bürokratie eingeführt haben – ein Import, der sich fatal mit alteingesessenem Schlendrian und traditioneller Willkür gemischt hat und an dem viele freiheitsliebende Russen bis heute verzweifeln.

Viele Fremdwörter in der russischen Sprache bezeugen bis heute noch den ehemaligen deutschen Einfluss: vom »Gastarbeiter« vor dem »Wachmistr« am »Schlagbaum« in »Zejtnot« bis hin zur »Straf« für den »Feldfebel« auf der »Gauptwachta« (Hauptwache), wo er nur ein »Buterbrod« im »Rjuksak« hat und das »Fejerwerk« über der »Landschaft« nicht verfolgen kann.

Dabei ist es nur die Anpassung ans russische Alphabet, die manches Wort für deutsche Ohren wieder fremd macht. Wer ahnt schon, dass »Genrich Gene« Heinrich Heine, »German Gesse« Hermann Hesse und »Gerr Girschgorn aus Geidengeim« nichts anderes bedeutet als Herr Hirschhorn aus Heidenheim? Aufgrund der Lautverschiebung von Deutsch zu Russisch ist auch vielen nicht klar, dass »German Gref«, der ehemalige Wirtschaftsminister und heutige Vorstand der Skerbank, der größten Bank Osteuropas, eigentlich »Hermann Gräf« heißen müsste – tatsächlich ist er deutschstämmig und spricht die Sprache fließend.

In der russischen Literatur steht der disziplinierte, ehrgeizige, aktive Deutsche dem begabten, träumerischen, passiven Russen gegenüber – wie in Gontscharows Roman »Oblomow«. »Das ist die russische Seele im Gespräch mit der deutschen Tüchtigkeit«, glaubt Miodrag Soric, bis vor kurzem Chefredakteur bei der Deutschen Welle in Bonn: Wenn der Russe voller Zweifel fragt: »Weshalb lebt der Mensch?«, antwortet der Deutsche ohne jedes Zögern: »Um der Arbeit willen, sonst aus keinem Grunde.«

Gastfreundschaft mit Nebenwirkungen

Mit dem Mut der Verzweiflung verfolgen Igor und ich den schwarzen Mercedes ohne Nummernschild, der vor uns über die Landstraße zischt. Es ist ein ungleiches Duell. Oleg, unser Mann am Steuer, gibt sein Bestes. Er quetscht das Lenkrad, als könne es seine Muskelkraft auf die Achsen seines Lada-Kombi übertragen. Vergeblich. Der Mercedes verschwindet immer weiter am Horizont. Doch plötzlich kommt uns der Zufall zur Hilfe. Ob es nun der heftige Wind war, ein Schlagloch oder ob die Technik versagte: Die zwei goldenen Ringe, die auf dem Dach des Mercedes in der Sonne blinkerten, fallen in hohem Bogen in den Straßengraben. Prompt bremst der Mercedes scharf ab, während wir uns mit unserem zittrigen Lada unaufhaltsam nähern. Ich bin gerade am Aussteigen, da überholt uns plötzlich ein Silberpfeil von einem Wagen, bremst quietschend ab, und eine Wiedergeburt von Yul Brynner im schwarzen Anzug hüpft heraus.

Keiner zieht die Waffe. Die Jagdszene im Nord-Kaukasus bei Wladikawkas (übersetzt: »Beherrsche den Kaukasus«) ist kein Duell, sondern der ebenso wunderbare wie wunderliche Beginn einer (Gast-)Freundschaft. Denn Besuchern aus der Ferne stehen in Nord-Ossetien fast alle Häuser offen.

In der russischen Teilrepublik, halb so groß wie Thüringen, leben die Nachfolger des kriegerischen Reitervolks der Alanen: Inmitten islamischer Nachbarn sind die christlichen Osseten seit Jahrhunderten Moskaus Vorposten im Nord-Kaukasus. Sie verstehen sich als strenge Bewahrer alter Traditionen. Manche davon sind für Ausländer, vor allem weibliche, gewöhnungsbedürftig: etwa dass Frauen nichts am Tisch verloren haben und, wenn sie nicht gerade in der Küche sind, schon mal am Boden Platz nehmen dürfen. Insofern haben sich die Osseten zumindest im Umgang mit Frauen mehr an die islamischen Nachbarn angepasst als an die russischen Glaubensbrüder.

Sosehr also das »schwache« Geschlecht unter der Tradition leiden mag, Fremden kommt eine andere ossetische Sitte sehr entgegen: die Gastfreundschaft. Diese Tradition ist zwar in ganz Russland legendär, doch halbwegs am Leben ist die Legende vom Gast als König nur noch im Kaukasus. Und so quicklebendig wie in Nord-Ossetien scheint sie kaum irgendwo zu sein. Wer auch nur in der Nähe einer Türschwelle gerät, hat kaum eine Chance, ohne gestopftes Maul davonzukommen – und zwar im positiven Sinne: Einem Gast nichts zu trinken und zu essen zu geben gilt in Nord-Ossetien als ebenso unmoralisch wie andernorts Zechprellerei.

Will der Fremde bei einem Restaurantbesuch die Rechnung begleichen, ist das ehrenrühriger als jede Beschimpfung. Wer am Straßenrand eine Mitfahrgelegenheit sucht, bekommt schon mal – wie unlängst ein Kollege von mir – eine Übernachtung mit Vollpension als Gastgeschenk gratis dazu.

Mir ergeht es ähnlich. Der Mann im schwarzen Anzug, der aus dem Wagen gestiegen ist, heißt Aslan, wie er mir schon beim ersten Händedruck eröffnet. Und er hat genau das, was ich seit Tagen vergeblich suche: einen Hochzeitstermin, denn ein Bericht über eine Trauung gehört zu einer Geschichte über Ossetien wie Bier zu Bayern. Der Mittdreißiger ist auf dem Weg zum Standesamt – und nach alter ossetischer Sitte müssen seine Braut und er in zwei verschiedenen Autos fahren (was bei der landesüblichen tollkühnen Fahrweise allein aus Sicherheitsgründen sinnvoll ist).

»Ich komme aus Deutschland und würde gerne die berühmten Hochzeitsbräuche der Osseten kennenlernen, aber finde seit Tagen kein Brautpaar. Da habe ich den Wagen mit den Ringen gesehen und …« Weiter komme ich nicht: »Du bist mein Gast. Gutten Tagg«, sagt der Bräutigam und klopft mir auf die Schulter: »Fahrt mir hinterher.«

Vor dem Standesamt sind wir schon beste Freunde. Aslan umarmt mich, drinnen positioniert er mich fürs Foto zwischen sich und der Braut und schenkt mir Sekt ein. »Wer ist denn das?«, fragt einer der Hochzeitsgäste verwundert. »Gerade war er noch mein Freund«, sagt Aslan: »Jetzt ist er mein Bruder.« Auf dem Weg zur Feier muss ich den Lada-Kombi mit dem liebgewonnen Ruckeln verlassen und hinter Aslan in seinem Silberpfeil Platz nehmen. Ich kenne seine halbe Lebensgeschichte, als wir in seinem Haus in einem kleinen Dorf ankommen.

Als Fahrer eines Tanklastwagens mit umgerechnet 200 Euro Monatslohn wäre eine Hochzeit mit 500 Gästen für Aslan eigentlich kaum zu bezahlen – doch die Nachbarn helfen mit. Das halbe Dorf backt Pirogen, die Anlieger bringen ganze Kessel voll Fleisch. Am Tisch führt der »Älteste« mit seinen Trinksprüchen ein strenges Regiment. Das erste Glas erheben die Osseten stets auf Gott – das zweite auf den heiligen Georg.

Die Braut, eine junge Ärztin im weißen, engen Hochzeitskleid, hat in einem eigenen Zimmer zu warten, streng getrennt vom Bräutigam – bis die Tafel eröffnet ist. Und das dauert Stunden. Die Wartezeit wird ihr mit Konfekt und den guten Worten der Schwäger versüßt. Die Angehörigen der Braut müssen den Verwandten des Bräutigams ihre Geschenke vorzeigen – eine Art »Mitgiftkontrolle«. Doch nicht nur die Geschenke unterliegen strenger Beobachtung – auch die Gäste. Die halbe Hochzeitsgesellschaft ist allem Anschein nach nur dafür zuständig, streng aufzupassen, dass Igor und ich beim Essen und vor allem beim Trinken nicht zu wenig abbekommen.

Gast sein ist in Nord-Ossetien ein hartes Brot. Die französische Nouvelle Cuisine wurde hier aus gutem Grund nie heimisch. Ich schütze fehlende Übung und mangelnden »Hubraum« vor, da mir die schwerwiegenden Nebenwirkungen der kaukasischen Gastfreundschaft auf Magen und Kopf von früher bekannt sind. Als ich schließlich – halbwegs aufrechten Gangs – gegen alle Proteste zum Abschiedskuss antrete, fühle ich mich fast in Sicherheit. Wie naiv! Denn Aslan kennt keine Gnade.

»Wenn du schon gehst, musst du alles im Hotel nachholen«, sagt er, drückt mich fest an seine Brust und überreicht mir einen Karton – mit Pirogen, Torte, einem gebratenen Huhn, Sekt, Limonade, Konfekt und einer Flasche Wodka. Russische Gastfreundschaft im Doggy-Bag. Und sosehr es mir um die Köstlichkeiten leidtut und ich mich meines Wortbruchs schäme: Ich habe, spät in der Nacht, keine Kraft mehr, um wie versprochen weiterzufeiern. Geholfen haben mir Aslans Gaben dennoch. Ich habe sie einfach den Damen an der Rezeption geschenkt. Von nun an war ich der am freundlichsten gegrüßte Gast im ganzen Haus und bekam beim Frühstück immer eine Extraportion.

Kaviar statt Buchweizen-Grütze

»Sollen wir aus Deutschland etwas zum Essen mitbringen? Süßigkeiten oder Käse?« Meine Mutter klang besorgt, fast ängstlich. Moskau hatte offenbar einen armen Eindruck hinterlassen bei meinen Eltern – damals, 1987, zu grauen sowjetischen Vorzeiten. Nach der Reise setzten sie 16 Jahre keinen Fuß mehr auf russischen Boden. Egal, was ich beim Heimaturlaub erzählte: In ihrem tiefsten Inneren blieben sie überzeugt, dass ich für mein Brot jeden Tag stundenlang in der Warteschlange stehe, meine Rubel ängstlich auf dem Schwarzmarkt tausche und aus Angst vor Straßenräubern halbgebückt über die Gehwege schleiche.

»Ist man da überhaupt sicher?«, war immer die erste Frage, wenn ich meine Eltern nach Moskau einlud. Doch steter Tropfen höhlt den Stein, und so brachte ich sie 2003 endlich dazu, in einen Flieger Richtung Osten zu steigen: einen deutschen, versteht sich, denn für einen russischen Jet waren sie um nichts in der Welt zu begeistern.

Schon die Fahrt vom Flughafen in die Stadt brachte die ersten Risse in das Russland-Bild meiner Eltern. Die drei haushohen Panzersperren an der Stadtgrenze an der Leningrader Chaussee – ein Kriegs-Denkmal an der Stelle, wo 1941 die deutschen Truppen zum Stehen kamen – kannten sie zwar noch aus dem Reiseführer. Aber dass direkt dahinter ein riesiger Ikea-Markt und ein französisches »Auchan«-Einkaufszentrum standen, sorgte für das erste verwunderte Kopfschütteln.

Es folgte Schock auf Schock: Auch am Abend, vor

dem Restaurant, das wir besuchten, gab es keine Warteschlangen mehr wie 1987, und drinnen wurde tatsächlich alles serviert, was auf der Speisekarte stand. Im Hotel keine Spur von den Etagen-Frauen, die früher auf jedem Stockwerk rund um die Uhr mit Argusaugen wachten, dass nur registrierte Gäste auf die Zimmer kamen und kein Damenbesuch durchsickerte.

Neben der Kontrolle waren die Etagen-Wärterinnen einst auch für allzu menschliche Bedürfnisse der Hotelgäste zuständig: Auf Nachfrage rückten sie das Toilettenpapier heraus – nicht etwa ganze Rollen, sondern abgezählte Blätter. Diesmal stand eine Ersatzrolle gleich mit im Bad, das nach westlichen Standards renoviert war.

Am zweiten Tag kam alles noch geballter. Statt mit Würstchen und Buchweizen-Grütze begann er mit einem opulenten Frühstücksbüffet inklusive frisch gepresstem Saft und Kaviar. Auch der erste Stadtrundgang ließ die Augen meiner Eltern größer werden. Stachen früher im Stadtzentrum allenfalls ein paar Parolen der kommunistischen Partei aus dem allgegenwärtigen Grau, so waren diesmal vor lauter Leuchtreklame und riesigen Werbeplakaten die Häuser kaum zu sehen.

Das Autofahren war keine Bedrohung der Bandscheibe mehr: Die Schlaglöcher, einst oft so groß, dass sie sich zur Karpfenzucht eigneten, sind verschwunden. Es sind zwar immer noch jede Menge Ladas und Wolgas unterwegs – doch so viele westliche Luxus-Limousinen wie in Moskau haben meine Eltern bei ihren zahlreichen Reisen durch die ganze Welt noch nirgends, geschweige denn in Deutschland, auf einen Schlag gesehen.

Mein Vater schaute sich das eine Weile an, dann hatte er endlich einen Hort der Stabilität entdeckt. »Die Verkehrsregeln sind noch die gleichen wie früher. Oder besser gesagt, sie gelten genauso wenig wie damals«, scherzte er. Schon beim Blick auf den Tacho ist er erschrocken: 120 Stundenkilometer, mitten in der Stadt, das ginge doch nicht, mahnt er mich streng. »Hier herrscht eben echte Freiheit«, halte ich entgegen. »Kannst du nicht fahren wie zu Hause?«, beschwört mich meine Mutter, als ich rechts eine winzige Lücke zum Überholen gefunden habe. »Als Gast muss man sich den Landessitten anpassen«, belehre ich sanft meine erbleichenden Mitfahrer.

Der nächste Einblick ins postsowjetische Schlaraffenland folgt beim Einkaufsbummel: Früher konnte man in vielen Geschäften schon gleich hinter der Eingangstür buchstäblich erschnüffeln, welche Ladenhüter gerade in den Fisch- und Fleischtheken auslagen – und wie lange schon. Gab es tatsächlich etwas Brauchbares zu kaufen, musste man sich erst vom Verkäufer einen Warenzettel ausstellen lassen, damit an der Kasse einen Kassenscheck erstehen und mit diesem die Ware abholen – und all das offenbar nur, damit man statt einer gleich drei Warteschlangen abzustehen hatte.

Heute klingen meinen Eltern im »Gipermarket« (Großmarkt) die »Scorpions« entgegen, es riecht nach Äpfeln und einem Hauch Ananas, und die Regale quellen über: Vom Oktoberfest-Bier über das Schweizer Käsefondue bis hin zu Müsli-Riegeln ist alles zu finden. Nur gut, dass meine Eltern den Rubel-Kurs noch nicht so genau im Kopf haben – sonst hätte ein Blick auf die Preisschilder einen neuen Schock ausgelöst: West-Waren sind oft unverschämt übertenuert.

Bei so einem Überangebot finde man sich doch kaum zurecht, sagen meine Eltern. »Ich gehe ohnehin kaum selbst einkaufen, weil ich die Lebensmittel im Internet bestelle und nach Hause liefern lasse«, beruhige ich sie. Ob es die neuen, prächtigen Ladenpassagen im Zentrum sind, die herausgeputzten Parks oder die Öffnungszeiten, die Einkaufen rund um die Uhr möglich machen: Jeder neue Tag bringt meinen weitgereisten und sonst durch nichts zum Staunen zu bringenden Eltern neue Aha-Erlebnisse.

Nach drei Tagen geben sie ihre Zweifel auf – und sind nun überzeugt »Du hast es hier besser als bei uns.« Das ist mir aber auch wieder nicht recht, und ich halte ihnen entgegen: »Ich zeige euch eben nur die Schokoladenseiten. Wollt ihr ein Kontrastprogramm? Zum Zoll? Zur Miliz? Auf eine russische Behörde? In ein Bahnhofsviertel?« Schon fünfzig Kilometer von Moskau entfernt sei es noch lebendig, das alte Russland, das sie vor 16 Jahren gesehen haben, versichere ich meinen Eltern. Doch sie lassen sich nun durch nichts mehr ihr schönes neues Russland-Bild vermiesen.

Und so haben wir seit dem Besuch die Rollen getauscht. »Was kann ich euch mitbringen?«, frage ich jetzt vor jedem Heimaturlaub. Und ich reise mit vollen Koffern an: Bepackt mit »humanitärer Hilfe« für Deutschland – in Form von Kaviar, Wodka und Klassik-CDs.

Paradies mit Plumpsklo

Raus oder nicht? Diese Glaubensfrage spaltet die Russen – zumindest in der warmen Jahreszeit. In Moskau verläuft die Konfliktlinie am Autobahnring, der zugleich die Stadtgrenze ist. Der Gedanke, an einem Sommerwochenende innerhalb derselben zu bleiben, scheint für eine Mehrheit der Russen so unerträglich wie eine Hochzeit ohne Wodka. 60 Prozent fahren auf die Datscha.

Eine Datscha ist kein Aufenthaltsort, sondern ein Lebensstil, sagt die russische Kulturforscherin Olga Wainstein. Wer sich verweigert, muss mit kritischen Fragen rechnen. Viele Liebhaber der Sommerfrische auf dem Land scheinen die Welt in zwei Kategorien zu teilen: »Datschniki«, so das russische Wort für die Datscha-Bewohner, und »Ne-Udatschniki« – auf Deutsch Versager. Datscha-Muffel wie ich widersetzen sich dem bösen Wortspiel mit Spott: »Es ist wenig sinnvoll, auf der Fahrt, genauer gesagt dem Kriechen von und zur Datscha am Freitag und Sonntag fünf Stunden im Stau zu stehen und Abgase einzuatmen, um dann einen Tag frische Luft zu atmen.«

Doch Anhänger der Datschen-Kultur sind über solchen gotteslästerlichen Hohn erhaben. Und sie haben die Tradition auf ihrer Seite. Schon Anton Tschechow setzte vor hundert Jahren in seinen Werken der Datscha ein Denkmal – auch wenn er vor gefährlichen Nebenwirkungen warnte: Für die Festigkeit der Ehebande gebe es keinen gefährlicheren Ort als die Datscha. Tschechow konnte im 19. Jahrhundert nicht ahnen, dass es dereinst in Moskau von Striptease-Clubs und Call-Girl-Saunas derart wimmeln würde, dass die Datscha trotz aller amourösen Versuchungen, die das freie Leben an der frischen Luft mit sich bringt, eher zu den weniger sündenträchtigen Orten gehören würde.

Auch wenn viele Russen die Sommerfrische mit der ersten Liebe und »Küssen im Gebüsch« verbinden, sind es doch weitaus unverdächtigere Dinge, die den Reiz des kurzfristigen Landlebens ausmachen: Mehr oder weniger fernab von den Städten – die Entfernung der Datscha von der Stadtgrenze kann zwischen einem und 1000 Kilometern liegen – entledigt sich der »Datschler« auch den Fesseln der urbanen Zivilisation. Dem Dauerlärm der Städte, der Tristesse der Plattenbauten, der Enge in der Metro und auf den Straßen. Datscha – das sind 600 Quadratmeter heile Welt, Freiheit, Individualismus. Datscha, das ist Ausschlafen, Hängematte, Tee auf der Terrasse, endlose Gespräche, Spaziergänge, lange Nächte bei Wein oder Wodka.

»Zu Sowjet-Zeiten fühlte man sich auf der Datscha frei, weit weg vom Zentrum und vom Staat«, glaubt Wainstein: Regimegegner fanden auf der Datscha ihren Fluchtraum, von Lenin bis hin zu Solschenizyn; Dissidenten versteckten aus Angst vor Wohnungsdurchsuchungen ihre kritischen Schriften auf den Landhäusern. Auf die Datscha kam alles, was in der Stadtwohnung keinen Platz mehr hatte – vom alten Gerümpel über antiquarische Bücher bis hin zu alten Traditionen. »Die Datscha wurde zur Bewahrungsstätte für eine alternative Kultur«, sagt Wainstein. Die Datschen sind demokratisch: Von der Nobelvilla des Oligarchen bis zur winzigen Hütte der Friseurin – jeder kann sich sein Stück von der Sommerfrische abschneiden, zur Not auch mietweise. Die Datscha hält jeden auf Trab: den Milliardär, weil er den modischsten Marmor für die Terrasse haben muss, die Verkäuferin, weil sie Kartoffeln anbaut, damit sie auch im Winter satt wird.

Anders als im Westen gab es in den Datschen-Siedlungen zumindest früher oft gar keine Zäune. Das Eigentumsgefühl war kaum ausgeprägt, man lief einfach über Nachbars Grundstück zum nächsten See. Inzwischen sind nun zwar manche Luxus-Datschen eingezäunt wie Fort Knox – doch eine andere alte Tradition hält sich hartnäckig: dass man einfach unangemeldet zum Nachbarn auf eine Tasse Kaffee oder Tee hereinschneit, gerne auch mit Freunden, die der Hausherr gar nicht kennt. Geburtstage und andere Feiertage begehen die Datschler oft gemeinsam – oder ziehen einfach von Haus zu Haus, in einer Art Feier-Polonaise.

So leicht es ist, von einer Datscha auf die nächste zu kommen, so schwer kann es sein, überhaupt Zutritt zur Datschen-Welt zu erlangen. Die Einladung in das Wochenendhaus ist so etwas wie der Ritterschlag: Wem diese Ehre zuteil wird, der gehört fast ein wenig zur Familie. Und wehe, man schlägt diese Einladung aus.

So quäle ich mich dann doch hin und wieder durch den Stau hinaus in die unberührte Natur. Und scheitere fast jedes Mal an dem Versuch, durch ungewöhnliche An- und Abfahrtszeiten, vorzugsweise mitten in der Nacht oder am frühen Morgen, dem Verkehrschaos zu entgehen. Schneller bin ich dadurch nicht ans Ziel gekommen, dafür kämpfe ich mit Schlaf-Rhythmusstörungen. Und Kater. Doch den nehme ich gerne in Kauf. Nach vier, fünf oder mehr Gläsern Wodka ergeben sich in lauen Sommernächten Gespräche, die so in

Moskau kaum möglich wären. Wenn einen plötzlich der hochrangige Beamte aus dem Wirtschaftsministerium von der Datscha zwei Häuser weiter in den Arm schließt und von seinem schweren Leben erzählt. Oder wenn der Schwiegersohn der Nachbarin, der als Fahrer arbeitet, fragt, was denn nun wirklich passiert im Kreml – weil er dem Staatsfernsehen kein Wort glaubt.

Nur ein Ausländer wie ich kann noch an Unannehmlichkeiten wie das weiträumig zu meidende Plumpsklo, Geschwader von Stechmücken oder den Eimer mit dem kalten Wasser als Ersatz für die Dusche denken, wenn der Hausherr zur Gitarre greift oder in die Banja einlädt, die russische Sauna. Hand aufs Herz: Selbst ein hartgesottener Datscha-Muffel droht in solchen Momenten schwach zu werden.

Die Landhäuser haben übrigens auch für all jene Vorteile, die die Anreise erst gar nicht auf sich nehmen: Das chronisch überfüllte Moskau wird in den Sommermonaten lichter und lebenswerter, die Staus auf den Straßen kürzer (außer auf den Ausfallstraßen), und in der Metro kann man zuweilen auf einen Sicherheitsabstand zum Stehnachbarn hoffen statt des sonst üblichen Hautkontakts. Moskau als Sommertagstraum. Sind angesichts solcher rosigen Aussichten nicht auch wir überzeugten Städter im Tiefsten unseres Herzens Datschen-Liebhaber?

Küsse im Kollektiv

Kaum hat man die eine Feier halbwegs unbeschadet (oder auch nicht) überstanden, schon rückt die nächste unerbittlich näher. Was ganz rationale Gründe hat: Nach dem Zusammenbruch der Sowjetunion legten die Russen wahres Traditionsbewusstsein an den Tag. Wer etwas auf sich und die eigene Vergangenheit hält, begeht die staatlichen Feiertage würdig weiter: etwa den Tag der Oktoberrevolution am 7. November oder den 1. Mai. Gleichzeitig brachte die Wende die ursprünglichen, unter den Sowjets verpönten Feste wieder, etwa Weihnachten und Ostern.

Oberster Feiermeister zwischen Ostsee und Japanischem Meer ist kein anderer als Wladimir Putin. Ausgerechnet der Geheimdienstler mit der meist eher feierfeindlich ernsten Miene und den zusammengedrückten Lippen hat sich in acht Jahren im Kreml enorm um Russlands Feste verdient gemacht. Mehr als Gorbatschow, der wegen seiner Anti-Alkohol-Kampagne den Kosenamen »Mineralsekretär« erhielt, und Boris Jelzin, Spitzname »Fass ohne Boden«, zusammen.

Nicht nur, dass Putin, der bei Empfängen schon mal den Inhalt seines Wodkaglas gegen alle Tradition statt in den Rachen still und heimlich in den Blumentopf kippte, den »Tag des Vaterlandsverteidigers« am 23. Februar in den Adelsstand der Feste erhob und zum arbeitsfreien Tag machte (vor Putin wurde nur informell und gegen Feierabend gefeiert). Sein Meisterstück in Festekultur landete der nunmehr regierende Ministerpräsident 2005, als er seinen Untertanen zehn

Neujahrsfeiertage am Stück bescherte, Wochenende inklusive. Dauernörgler warnten zwar vor einem kollektiven Komasaufen und rechneten die Verluste durch Nebenwirkungen und Spätfolgen in die Milliarden hoch. Doch das Volk ließ sich die Feierstimmung von so kleinlichen Kalkulationen nicht verderben.

Endgültig ins Herz der Russen regierte sich Putin, als er wie schon beschrieben anordnete, dass Feiertage, die auf ein Wochenende fallen, an einem Werktag »nachzufeiern« sind. Die Deutschen können da nur vor Neid erblassen. Zumal Russland mit seinen insgesamt 15 Feiertagen im Jahr ohnehin schon an der Weltspitze liegt – während etwa der Berliner nur auf magere neun kommt, weshalb es kaum verwundert, wenn er manchmal etwas bleicher und griesgrämiger in die Welt blickt als der Moskowit.

Doch wie bei fast allem im Leben würde es den meisten Russen nicht im Traum einfallen, sich in Sachen Feiern auf den Staat zu verlassen. Auch abseits der offiziellen Termine finden sie genug Anlässe. »Die wichtigsten Feiertage für unser Land sind Weihnachten und Ostern, für unsere Bürger die Hochzeit und die Betriebsfeiern«, schreibt die Zeitschrift »Russkaja schisn« (Russisches Leben). Ob auf einem Boot auf der Moskwa, im Strandclub an derselben, im Nachtclub oder im Museum: Wo die meisten deutschen Firmen mit einem gemeinen Wirtshaus vorlieb nehmen oder gar der Betriebskantine, ist für viele russische Unternehmen kein Ort fein genug, wenn es um einen »Corporativ« geht, wie die Betriebsfeiern im Jargon der Moskauer Arbeitswelt heißen, in Anlehnung an das englische Lehnwort »Corporation«.

»Russische Betriebsfeste zeichnen sich durch eine

besondere Lockerheit aus, im Umgang mit dem Alkohol ebenso wie im Umgang der Geschlechter«, berichtet die Personalchefin eines großen Unternehmens, leicht errötet und deshalb Wert auf Diskretion legend: »Ein anständiger Corporativ ist immer auch ein bisschen Ball für einsame Herzen und Kontaktbörse.« Küsse auf der Tanzfläche sind mindestens ebenso tragender Bestandteil der gelungenen Betriebsfeier wie der Wodka.

Neben den großen »Corporativs« sind die kleinen Feiern am Arbeitsplatz die Pfeiler, an denen entlang sich der gequälte »Rabotschi« (Arbeiter) und »Sluschaschtschi« (Angestellte) durch den Sumpf des grauen Arbeitsalltags hangelt. Wer sich in den Urlaub verabschiedet, hat einen gebührenden Ausstand zu geben, um seinen Kollegen den »moralischen Schaden« (im Volksmund: Neid) zu versüßen. An seinem Geburtstag den Betrieb ohne Wein und Konfekt für die Kollegen zu betreten kommt einem Kündigungsgrund gleich. Männer, die am 8. März, dem Weltfrauentag, ohne Blumen oder gar gänzlich mit leeren Händen an ihrem Arbeitsplatz erscheinen, um die Kolleginnen zu beglücken, sollten ihn in den darauffolgenden Wochen aus Sicherheitsgründen lieber erst gar nicht wieder betreten – nur »sexual harrassment«, sexuelle Belästigung, in den USA wird strenger geächtet und geahndet.

Erfahrene russische Konsumenten würden nie ein Auto kaufen, und im Zweifelsfall nicht einmal eine Torte, die am Tag vor einem Feiertag produziert wurden; an solchen Tagen sollte man auch alle wichtigen geschäftlichen Dinge spätestens bis zur Mittagspause erledigen: Weil sich ein anständiges »Kollektiv«, wie eine Belegschaft auf Russisch heißt, warmlaufen und warmtrinken muss für die große Feier am nächsten Tag.

Nur biertrockene Gemüter können sich angesichts solch paradieshafter Zustände darüber aufregen, dass in Russland zuweilen vor lauter Feierstimmung der Grund für all das Tamtam ins Hintertreffen gerät. So ist etwa der 12. Juni ein offizieller Staatsfeiertag. Nur ein vaterlandsloser Geselle würde es wagen, ihn nicht in aller Form zu begehen. Defätistisch und kleinlich ist deshalb die Feststellung eines Moskauer Meinungsforschungsinstituts, dass nur 5,4 Prozent der Russen wissen, welchen Feiertag genau sie am 12. Juni feiern – früher war es der »Tag der Unabhängigkeit Russlands«, heute heißt er schlicht »Tag Russlands«. Aber tut das wirklich etwas zur Sache? Wie besagt eine alte russische Redensart: »Hauptsache, man hat etwas zu trinken, ein Anlass zum Feiern findet sich dann schon!«

Hoch lebe die Anarchie

Ganz anders als in Deutschland scheint es in Russland oft, dass Vorschriften und Regeln vor allem dafür da sind, dass man sich nicht an sie hält. »Wenn etwas verboten ist, man es aber trotzdem unbedingt möchte, dann darf man es auch«, besagt ein altes russisches Sprichwort. Und auch der berühmt-berüchtigte russische Witz hat sich das Thema vorgeknüpft: Wie bringt man einen Amerikaner, einen Franzosen und einen

Russen dazu, von einer Brücke in den Moskwa-Fluss zu springen? Den Amerikaner, indem man ihm sagt, es sei gerade jemand mit einem Geldkoffer hinuntergefallen; den Franzosen lockt die Auskunft, eine vollbusige Schönheit habe sich soeben in die Fluten gestürzt. Der Russe dagegen springt, wenn man ihn mahnt, dass Springen strengstens verboten sei.

Die Realität ist davon gar nicht so weit entfernt. An den Moskauer Borisowski-Teichen und zahlreichen anderen Pfuhlen und Tümpeln in der Hauptstadt ist das Baden wegen der schlechten Wasserqualität strengstens verboten – und dennoch bekommt man im Sommer oft den Eindruck, sie müssten noch mehr wegen Überfüllung als wegen der Hygiene-Probleme geschlossen werden. Die Höchstgeschwindigkeit in Ortschaften beträgt in Russland 60 Stundenkilometer. Wer sich daran hält, wird wie ein Verkehrshindernis angesehen und kommt im schlimmsten Fall bei der Polizei in den Verdacht, er müsse betrunken sein – denn, so die Logik vieler Ordnungshüter, was könnte er sonst für Gründe haben, sich an die Regeln zu halten?

Das Warnschild in meiner Sauna, dass Aufgüsse verboten sind und auf das Holz ein Handtuch unterzulegen ist, scheint genau das Gegenteil zu bewirken: Seit es neulich angebracht wurde, hat sich die Zahl der Aufgüsse vervierfacht, die Zahl der Handtuch-Nutzer dagegen halbiert. Ähnliche Auswirkungen hatte auch die neue Tafel mit dem »Springen vom Beckenrand verboten.« Auch die Bademeister scheinen weniger für die Einhaltung der Regeln zuständig zu sein als für deren Verletzung. Sie schütten schon mal selbst vorschriftswidrig einen Aufguss in den Ofen. Jedenfalls scheinen Schilder mit der Aufschrift »Zutritt verboten« wie ein Magnet Besucher anzulocken. Und angeblich tranken die Russen auch nie so viel wie zu Zeiten von Michail Gorbatschows Anti-Alkohol-Kampagne.

Bei Rauchverboten ist es kaum anders. Als ich neulich in Sankt Petersburg ankam, war zu meinem Entsetzen der gesamte Flughafen zur Nichtraucher-Zone geworden. Das behauptete jedenfalls eine ganze Stafette von entsprechenden Verbotsschildern an den Wänden. Es folgte einer jener Momente, in denen ich verstehe, warum ich dieses Land trotz aller Widrigkeiten des Alltags so liebe: Ich fragte einen der Zollbeamten an der Gepäckausgabe, den ich anhand seiner leicht gelblichen Fingerspitzen als Leidensgenossen ausgemacht hatte, mit gequältem Gesichtsausdruck, wo denn ein armer, verfolgter Europäer hier die russische Freiheit in Form von Nikotin kosten dürfe. Der Beamte lächelte verständnisvoll und zeigte auf eine gegenüberliegende Ecke, in der ein Abfalleimer stand: »Geh dorthin!« Als ich ihn verwundert auf die Verbotsschilder ansprechen wollte, fiel er mir gleich ins Wort: »Mach dir keine Sorgen, ist schon okay.« Der ganze Abfalleimer war voll von Kippen. Mitten in der Nichtraucher-Zone.

Das Beispiel zeigt: Es wäre geradezu töricht von einem Ausländer, alles in Russland für bare Münze zu nehmen. So streng neuerdings die Registrierungsvorschriften für Nicht-Russen sind, so viel Mühe es macht, den vorgeschriebenen amtlichen Stempel zu bekommen – so unnötig ist er. Nie in all den Jahren hat mich jemand danach gefragt. »Strikt vorgeschrieben« bedeutet in Russland, es könne nichts schaden. »Streng verboten« heißt, man solle sich nicht unbedingt dabei erwischen lassen. Die Strenge der russischen Gesetze wird durch die Laschheit bei ihrer Ausführung kompensiert, schrieb einst schon Saltykow-Schtschedrin. Und es sind wohl vor allem Deutsche, die sich über die Paragraphen in Russland aufregen. Echte Russen dagegen wissen: Ein Gesetz ist wie ein Pfeiler, besagt der Volksmund; man kann ihn nicht übersteigen, aber umgehen.

»Ein Deutscher geht davon aus, dass er ein würdiges Leben, Stabilität und Perspektiven hat, wenn er das, was man nicht tun darf, auch wirklich nicht tut«, schreibt der russische Journalist Dmitrij Ljukajtis: »Ein Russe dagegen urteilt zu Recht genau umgekehrt – dass er es im Leben nie zu irgend etwas bringen wird, wenn er nicht Sachen machen wird, die er nicht machen darf.«

Über die Ursachen für das liberale Verhältnis der Russen zu starren Regeln wird viel spekuliert. Die Freiheitsliebe der Menschen zwischen Ostsee und Pazifik sei größer als anderswo, heißt es. Eine andere Erklärung verweist auf die Regelungswut der russischen Bürokratie, die den Menschen schon zu Zarenzeiten gar keine andere Wahl ließ, als sie zu umgehen. Wobei wohl auch die Beamten ihre guten Gründe hatten, die Regeln zu verschärfen – wussten sie doch, dass sie allenfalls zu einem Bruchteil eingehalten werden.

Darüber zu streiten, ob Beamte oder Bürger den Anfang in dieser Eskalationsspirale machten, ist wohl genauso sinnvoll wie der Disput, ob Henne oder Ei zuerst da waren. Offensichtlich ist dagegen, dass die Sowjet-Herrschaft mit all ihren Absurditäten die Distanz zwischen Staat und Menschen noch verstärkte und so der Bereitschaft, Regeln und Gesetze einzuhalten, nicht gerade förderlich war.

Viele Russen wie mein Fotograf Igor können denn auch gar nicht verstehen, dass wir Deutsche uns zuweilen strikt an unsere Vorschriften halten. »Ihr klagt, bei uns herrsche keine Demokratie, dabei seid ihr es doch, die unterdrückt sind, von all den Regeln und Gesetzen, an die ihr euch halten müsst wie Sklaven«, meint Igor: »Ich wollte nie in einem Land wohnen, in dem einem ein Polizist den Führerschein wegnimmt, nur weil man mal mit Tempo 100 durch die Stadt fährt.«

SERVICEWÜSTE RUSSLAND

Vierbeiniger Nachtisch

Weil der Wirtschaftsaufschwung in Moskau auch zu einem Autoboom geführt hat und die Staus schwerer vorherzusagen sind als die Flugbahnen von NURS-Granaten der Roten Armee, machen sich verreisende Moskowiter mit weit geöffnetem Zeitfenster in Richtung Flughafen auf. Wenn einem das Schicksal und die Verkehrspolizei einmal günstig gesinnt sind, kommt man deshalb viel zu früh an der Dauerbaustelle im Moskauer Norden an – und kann sich sonst wie vergnügen.

So freute ich mich über die gewonnene Zeit, als ich mich auf den Weg in das Flughafen-Restaurant machte. Der atemberaubende Blick über die Luftfahrt-Veteranen der Marken Tupoljew und Iljuschin auf dem Vorfeld entschädigte mich für den morschen und morbiden Charme der Möbel, die offensichtlich noch aus einer sowjetischen Parteikantine stammten, und die auffällige Leere der Verköstigungsstation.

Kaum hatte ich an einem Tisch Platz genommen, eilte schon eine Bedienung herbei – in einem Tempo, das für russische Restaurants auch 17 Jahre nach dem Zusammenbruch des Kommunismus nicht selbstverständlich ist. »Mal wieder deine Vorurteile«, tadelte ich mich: »Du lässt dich von Äußerlichkeiten täuschen und siehst dich gleich an Sowjetzeiten erinnert. Dabei machen die Bedienungen hier einen sehr aufmerksamen Eindruck, der Service scheint nicht schlechter zu sein als im Westen.«

Umso verwunderter war ich, als sich herausstellte, dass die Kellnerin nicht etwa die Karte brachte oder meine Bestellung aufnehmen wollte. Stattdessen baute sie sich breitbeinig wie ein »Jefreiter« der russischen Armee vor mir auf und blaffte mich an: »Räumen Sie sofort diesen Tisch! Das ist der Tisch unserer Geschäftsleitung, der ist für unsere Chefs reserviert.« Meinen zaghafter Hinweis, dass kein entsprechendes Schild zu sehen und doch das ganze Lokal leer sei, so dass ihre hochverehrten Chefs auch ohne ihre »Geister-Reservierung« kaum auf einen Stehplatz ausweichen müssten, beantwortete sie fast mit einem Sturmangriff. Sie rückte mir so nahe auf den Leib und blitzte mich so streng an, dass ich unverzüglich parierte, indem ich stramm aufstand und klaglos an den Nachbartisch zog. Das immerhin stimmte sie milde, und so nahm sie dann doch meine Bestellung auf.

Kaum hatte die resolute junge Dame mein Essen vor mich hingestellt, hörte ich aus der Richtung des reservierten Nachbartischs ein leises Rascheln. Ich blickte mich um, sah aber nichts. Um ein Haar hätte ich mir am helllichten Tag einen Wodka bestellt, weil ich an meinen Sinnen zweifeln musste. Und in der Tat hätte ich besser 100 Gramm des Wässerchens zu mir genommen. Denn dann wäre mir vielleicht die Erkenntnis erspart geblieben, dass sich ein weiterer Gast nicht im Geringsten um die strenge Tischordnung im Flughafenrestaurant scherte. Was da auf dem Fenstersims entlangflitzte, war eine Maus!

Nach meinen vielen Jahren in Russland bin ich zwar hart im Nehmen, was Getier an dafür nicht vorgesehenen Orten angeht – aber als geborener Westler tendiere ich immer noch zum Differenzieren: Eine Kakerlake im Hotelzimmer kann meinen Schlaf kaum noch trüben, eine in der Küche oder auf dem Frühstücksbuffet meinen Appetit dagegen sehr wohl. Ähnlich verhält es sich mit Mäusen. Da mir die nötige Abhärtung im Kontakt mit unbekannten Nagern beim Mittagessen fehlt, machte ich mich auf den Weg zu meiner barschen Bedienung, die sich gerade mit ihrem Chef über die neuesten Frechheiten unverschämter Gäste austauschte.

»Ich muss Ihnen den Versuch eines unerlaubten Grenzübertrittes melden, Sie sollten vielleicht die Grenzpolizei informieren«, eröffnete ich den beiden mit einem spöttischen Lächeln: »Da ist jemand unterwegs auf einem Streckenabschnitt, dessen Betreten ihm streng verboten ist.« Die beiden sahen mich misstrauisch an. »Auf dem Fensterbrett läuft eine Maus an den Tischen entlang«, ließ ich sie wissen.

Das Serviceteam atmete auf und machte eine wegwerfende Handbewegung: »Sie machen aber Witze! Ich dachte schon, weiß Gott was ist passiert, und es ist nur eine Maus«, schnappte die Kellnerin zurück und musterte mich verächtlich. »Ich kann auf so einen vierbeinigen Nachtisch verzichten«, sagte ich. »Wenn Sie so große Angst vor der Maus haben, dann vertreiben wir sie eben«, antwortete sie gottergeben.

Die nachfolgende Vertreibungsaktion endete erfolgreich – kein Wunder, wirkte die Bedienung schon auf mich einschüchternd, so konnte sich ihr die Maus erst recht nicht widersetzen. Doch mein Hunger hatte sich ebenfalls verflüchtigt: Mir wollte mein Gemüse-Eintopf nicht mehr so recht munden. So ließ ich den vollen Topf zurückgehen; mit dem Hinweis, dass mir die unverhoffte »Fleischeinlage« den Appetit verdorben hätte. Meine Bedienung zeigte keinerlei Mitgefühl und trug den Teller wortlos weg.

Der Teufel muss mich geritten haben, denn ich wusste von Anfang an, dass mein Anliegen zum Scheitern verurteilt war. Es war mehr ein Experiment, als ich der Bedienung die Rechnung zurückgab und sie bat, den Gemüse-Eintopf solle sie doch bitte streichen – es sei nicht meine Schuld gewesen, dass mir ihre Maus den Appetit verdorben habe. Sie starrte mich nur mit weit aufgerissenen Augen an, als hätte ich etwas sehr, sehr Unanständiges von ihr verlangt. Wieder ging sie schweigend davon. In der Ferne sah ich sie mit ihrem Chef sprechen.

Statt mit einer neuen, korrigierten Rechnung kam sie mit dem Gemüse-Eintopf zurück: »Bestellt ist bestellt, Sie müssen ihn bezahlen!«, sagt sie und stellte mir den Streitwert krachend auf den Tisch: »Also essen Sie gefälligst auch!«

Russland ist viel demokratischer, als man denkt, zumindest am Flughafen Scheremetjewo: Frei und ohne jeden Zwang durfte ich das Restaurant verlassen, wenn auch begleitet vom kopfschüttelnden Grinsen der gesamten Belegschaft.

Damen-WCs mit Einblick

»Was? Ein Frühstück?« Die Bedienung in der hautengen schwarzen Bluse schaut mürrisch an mir vorbei auf den Tisch: »Haben wir heute nicht.« Irgendetwas anderes zum Essen? »Gibt es auch nicht.« Die junge Frau blickt mich so böse an, als hätte ich ihr gerade ihre Kündigung überreicht. »Was wollen Sie überhaupt von mir?«, motzte sie weiter. »Der Koch ist heute früh nicht gekommen! Solange er nicht da ist, gibt es gar nichts.« Wann er kommt? »In einer halben Stunde, gegen 11 Uhr. Vielleicht.«

Die Szene aus dem Restaurant Monterosso am Moskauer Taganka-Platz ist alles andere als eine Ausnahme. Auch wenn sich die einst triste Sowjet-Metropole Moskau in eine glitzernde Boomstadt verwandelt hat: Wie der Rest des Landes sind auch weite Teile der Hauptstadt immer noch eher Service-Notstandsgebiet als ein Königreich des Kunden.

Unter den Kommunisten hatten Verkäuferinnen, Bedienungen und Tankwarte als Verwalter des Mangels den Status von Fürsten: Sie entschieden, wem sie die begehrte Ware »abgaben«, wie das sowjetische Wort für »verkaufen« hieß. Freundlichkeit war deshalb vor allem eine Strategie der Kunden, um überhaupt zu einem solchen werden zu können. Bei den Verkäufern keine Spur davon. Und die alte Mentalität sitzt bis heute tief.

Solange man nicht in Kontakt mit der Bedienung kommt, könnte man sich das Restaurant Monterosso genauso gut in Berlin, Paris oder Rom vorstellen: Man sitzt in schicken Designermöbeln oder breite Sofas mit dicken Kissen vor den Fenstern, an den Wänden hängen Lifestyle-Fotos in Schwarz-Weiß, und angesagte DJs sorgen für musikalische Untermalung.

Auch die Preise sind westlich: 400 Rubel, circa 13 Euro, kostet dort ein Hauptgericht. Im Vergleich zu anderen Moskauer Restaurants ist das fast umsonst – einerseits. Andererseits aber bei einem Durchschnittslohn von 500 Euro landesweit und 800 Euro in Moskau dennoch eine stolze Summe. Aber das ist für kaum jemanden ein Hindernis, essen zu gehen. Wenn man Geld in der Tasche hat, legt man es in Russland nicht etwa auf die hohe Kante – man gibt es so schnell wie möglich aus. Das liegt nicht nur an der sprichwörtlichen Großzügigkeit der Russen, sondern auch an ihrer Lebenserfahrung: Im Sozialismus verlernten die Menschen, auf den Preis zu sehen. Es fehlte stets mehr an Waren als an Geld. Sobald es einmal etwas zu kaufen gab, langte man zu.

Zu Perestroika-Zeiten verwandelten Inflation, Geldreformen und Banken-Zusammenbrüche den Rubel mehrmals in wertloses Papier. Folglich war die Devise der Bevölkerung: Lieber heute ausgeben denn morgen als Altpapier entsorgen. Nur so ist zu erklären, warum die Packung Blauschimmelkäse in Moskau sechs Euro kostet, warum für eine Ein-Zimmer-Bruchbude 600 Euro Miete fällig sind und in Restaurants Weinflaschen für den gleichen Preis an den Mann gebracht werden. Zwar lebt immer noch ein Großteil der Russen am Rande des Existenzminimums. Doch zumindest in der Zehn-Millionen-Stadt Moskau ist die Zahl der Reformgewinnler groß genug, um den Rubel rollen zu lassen.

Doch so verwöhnt das zahlungskräftige Hauptstadt-Publikum inzwischen in Sachen Stil und Einrichtung ist – so wenig empört man sich über schlechten Service. Als die Uhr schon 11.15 zeigt, fehlt im Monterosso immer noch jede Spur vom Koch – und auch die Bedienung ist inzwischen verschwunden. Geduldig sitzen die Besucher an ihren Tischen – und harren aus. Gegen 11.30 taucht die Bedienung wieder auf, doch sie läuft schweigend an meinem Tisch vorbei.

»Gibt es immer noch nichts zu essen?«, frage ich sie. Offenbar nicht demütig genug. »Nein«, bescheidet sie mir kurz angebunden im Vorübergehen. »Und wann ist es so weit?« Sie sieht mich an, als wolle ich sie selbst verspeisen. »Woher soll ich denn wissen, wann der Koch kommt? Wenn es Ihnen nicht passt, können Sie ja gehen!« Gute Idee, denke ich, was soll ich in einem Restaurant, in dem es nichts zu essen gibt?, und bewege mich zum Ausgang. Doch dann erwartet mich die nächste Überraschung: Der Garderobier ist augenscheinlich mit seiner Fortbildung beschäftigt, denn er löst gerade ein Kreuzworträtsel. Als er sieht, dass ich mit meiner Garderobenmarke vor den Kleiderhaken stehe, um meinen Mantel abzuholen, blickt er nur kurz verächtlich herüber und vertieft sich wieder in sein Heft. Das wäre ja auch noch schöner, wenn er wegen dieser lästigen Kunden aufstehen müsste. Ein typischer Fall von »unaufdringlichem Service«, wie die Russen den Totalausfall von Freundlichkeit ironisch nennen.

Doch ich bin inzwischen abgehärtet und wühle mich selbst durch die Kleiderbügel – und kann es mir nur mit Mühe verkneifen, aus Rache die Garderobenmarke mitgehen zu lassen. Zumindest habe ich nun einen Verdacht, was die Besucher trotz des allzu »unaufdringlichen« Personals in Wirklichkeit ins Monterosso lockt: Es ist wohl der »falsche Spiegel«, zwischen Damen- und Herren-Toilettenraum, der von der Männerseite aus durchsichtig ist – und den Männern so einen geheimen Einblick in die verborgene Welt der Frauen erlaubt – ein »kleiner Gag des Besitzers«, wie einmal eine Bedienung – ausnahmsweise gutgelaunt – verriet.

Was in westlichen Ländern den Wirt zumindest seine Lizenz kosten oder ihn vor den Kadi bringen würde, gilt russischen Männern fast als normal. Sexuelle Belästigung im weitesten Sinne wird hier als Auswuchs einer hysterischen Öffentlichkeit und frustrierter »Emanzen« bagatellisiert. In der ehemaligen Sowjetunion ist Emanzipation noch ein Schimpfwort.

Der russische Durchschnittsmann erwartet von seiner Frau wie selbstverständlich, dass sie ihm morgens, mittags und abends das Essen auf den Tisch stellt. Und das ist, wie könnte es anders sein, nicht zuletzt eine Folge des schlechten Service der Restaurants: Man wird zwar auch außer Haus satt – aber selten mit einem Lächeln bedient.

Auch Alternativen zum Ausgehen wie eine Bestellung beim Pizzaservice funktionieren nur bedingt. Es kommt nämlich oft vor, dass die heißbegehrte Ware niemals ankommt. Wenn man nach drei Stunden mit knurrendem Magen oder immer noch hungrigen und mittlerweile beleidigten Gästen nachfragt, wo das Abendessen geblieben sei, erklärt die Dame in der Leitung in aller Unschuld: »Oh, uns sind die Oliven ausgegangen. Deshalb haben wir Ihre Pizza Vegetarianskaja streichen müssen.« Zumindest Bescheid zu geben oder eine andere Pizza zu liefern käme niemandem in den Sinn.

Dass der Kurier mit einer kalten Pizza daherkommt, weil er im Moskauer Stau feststeckt, oder dass er ohne Wechselgeld ankommt, ist eher die Regel als die Ausnahme. Zuweilen bekommt man die falsche Pizza geliefert, was mir als Vegetarier nicht ganz egal sein kann. Umso dreister ist es, wenn der Schichtleiter sich weigert, sie umzutauschen, und behauptet: »Sie können das doch gar nicht unterscheiden, ob da Fleisch drauf ist oder nicht.«

Völlig baff war ich, als mir plötzlich bei einem der Pizzadienste die Dame am anderen Ende der Leitung eröffnete, ich sei auf der schwarzen Liste – und werde keine Pizza bekommen. Mein Vergehen lag darin, dass ich umgezogen war: Bei meiner letzten Bestellung via Internet hatte die Dame am anderen Ende der Leitung offenbar nicht genau hingesehen und statt meiner neuen Adresse einfach die alte aus ihrer Datenbank übernommen. Jedenfalls brachte der Kurier die Pizza an meine alte Adresse – und wurde sie dort natürlich nicht los. Weswegen ich offenbar auf eine Stufe gestellt wurde mir Übeltätern, die verhassten Lehrern oder Kollegen aus Jux Pizzas nach Hause ordern. Selbst gegen Vorkasse wollte das Unternehmen an mich nicht mehr liefern. Meine Assistentin Irina musste ihre gesamte Überredungskunst an den Tag legen und einen halben Vormittag opfern, um mich vor dem Pizza-Knock-out zu retten.

Nicht ganz reibungslos funktioniert auch der Getränke-Lieferservice. Wenn der die falsche Limonade bringt, darf man nicht etwa auf eine Entschuldigung und den selbstverständlichen Austausch von Zucker gegen Light-Limo hoffen. Nach fünf Anrufen bei den verschiedensten Instanzen gibt es bei der »Beschwerde-Abteilung« endlich eine Antwort: »Das ist

Ihr Problem, nicht unseres.« Erst die sehr laut artikulierten Worte »Generaldirektor« und »Skandal« sorgen für Bewegung: »An welcher Adresse sollen wir die Limonade umtauschen?«

Doch nicht nur bei Essen und Trinken herrscht der Service-GAU. Viele Devisen-Wechselstuben in Moskau erinnern heute noch an die Grenzübergänge zu Breschnews Zeiten – als die Gesichter der Grenzer hinter dunklem Spiegelglas allenfalls zu erahnen waren. Die Kassiererinnen verstecken sich hinter Jalousien, die so weit herunterhängen, dass man gerade noch die Hand mit dem Geld durchstrecken kann.

Fehlender Durchblick ist auch anderweitig zu beklagen. Als ich kürzlich vor dem Spiegel stand und mich selbst nicht mehr wiedererkannte, lag das nicht etwa an einem akuten Anfall von Farbenblindheit oder einer plötzlichen Gewichtszunahme (woher auch, bei den Problemen mit Frühstücken und Pizzas) – sondern daran, dass meine Hose plötzlich lila glänzte und sich die Bundweite wundersam verdreifacht hatte. So bedurfte es keiner besonderen Beobachtungsgabe, um festzustellen, dass die Reinigung etwas verwechselt hat – und ich die Hosen eines farblich nicht ganz geschmackssicheren anderen Kunden bekommen habe. Der Form nach zu urteilen einer russischen Cover-Version von Ex-Fußball-Funktionär Reiner Calmund.

Ich eilte zur Reinigung, um die Verwechslung mitzuteilen. Aber die Mitarbeiterin nahm weder meine Meldung dankbar zu Kenntnis noch entschuldigte sie sich für den Fauxpas. Wie einem ertappten Dieb riss sie mir die Hosen aus der Hand und schrie: »Ah, die suchen wir schon. Sie haben die also, na endlich sind sie zurück«, und entschwand.

Als sie nach einer halben Ewigkeit zurückkam und ich sie höflich darauf aufmerksam machte, dass nun auch mir zwei Hosen fehlen, blickte sie mich unwirsch an: »Schreiben Sie einen Brief an den Direktor.« Den Brief habe ich geschrieben; auf die Hosen oder zumindest eine Entschädigung warte ich seit mehr als einem Jahr, und nur dem Trend zur Zweithose habe ich es zu verdanken, dass ich nicht mit einer Wolldecke um die Hüften geschlungen durch den Alltag stolpern muss.

Manchmal ist es denn auch besser, ganz auf eine Beschwerde zu verzichten. Zumindest in der Metro. Als die Drehkreuze am Eingang plötzlich meine Monatskarte nicht mehr akzeptieren – der Magnetstreifen hatte wohl das Zeitliche gesegnet –, stelle ich mich brav in die Warteschlange an der Kasse. Als ich nach zehn Minuten endlich dran bin, mache ich in meiner westlichen Unbedarftheit einen unverzeihlichen Fehler: Ich zeige die alte, kaputte Karte vor und bitte die betagte Dame hinter der Plexiglas-Scheibe, die ihre Hornbrille notdürftig mit Tesafilm zusammengeklebt und in die Frisur gesteckt hat, sie auszutauschen. »Da müssen Sie warten, das kann nur unsere Schichtleiterin machen, aber die ist gerade essen.« Meinen genervten Blick quittiert sie ganz charmant: »Es kann aber höchstens zwanzig Minuten dauern.«

»Okay, dann kläre ich das mit der Monatskarte ein anderes Mal, verkaufen Sie mir jetzt bitte einen Einzelfahrschein«, bitte ich die Kassiererin. »Das geht nicht, wir müssen das jetzt klären mit Ihrer Monatskarte, so lange kann ich Ihnen keinen Einzelfahrschein verkaufen.« Dabei muss ich dringend zu einem Treffen. Das ist meine Rettung: Denn der miserable Service in Russland wird oft durch herzerweichende Menschlichkeit kompensiert – wenn man es nur richtig angeht. »Bitte, bitte, seien Sie so lieb – ich muss zu einem wichtigen Termin«, säusele ich Richtung Glasfenster. Plötzlich verwandelt sich die faltige Dame mit dem strengen Gesicht in eine lächelnde alte Babuschka: »Na gut, hier bitte, mein Söhnchen!«

E-Commerce als Schnitzeljagd

Kaum eine westliche Errungenschaft macht einen Bogen um Moskau. Schlimmer noch: Internet-Handel und E-Commerce sind in der russischen Hauptstadt bereits viel weiter entwickelt als in Deutschland. Doch offenbar sorgen sich die Online-Händler nach Kräften, nicht einfach lieblos alles zu kopieren, sondern nostalgisch die alte sowjetische »Service«-Tradition nicht zu vernachlässigen: Dem Trend zum unpersönlichen und entfremdeten elektronischen Einkauf begegnen sie mit Abenteuer-Elementen und geistigen Herausforderungen.

Der Internet-DVD-Händler clas.ru etwa schafft eine innige Kundenbindung, indem er auf Bestellungen nicht reagiert – so wird der Käufer gefördert, Eigeninitiative und -verantwortung zu entwickeln und dann doch den direkten Kontakt – zumindest per Telefon – zu suchen. Bei anderen Firmen kann man zwar im Internet bestellen, muss die Ware dann aber selbst abholen. Das ist vor allem bei schwerem Haushaltsgerät dem Muskelaufbau zuträglich. Wenn es bei der Warenausgabe Schlangen gibt, fördert diese Mischung aus E-Business und Russki extrem auch das schöne Gefühl, etwas im wahrsten Sinne des Wortes redlich erstanden zu haben.

Wieder andere Unternehmen sorgen dafür, dass ihre Kunden zu Entscheidungstreue und Standhaftigkeit erzogen werden. Zwar verhätscheln sie sie noch mit einem Lieferservice. Wenn sie dann zwar pünktlich, aber die falsche Ware liefern oder der Kunde das Produkt umtauschen will, muss er für eine derart unbelehrbare und unkooperative Existenz auch die Konsequenzen tragen – und das ungeliebte Stück selbst in die Firma zurücktragen. Das dient schließlich nur zu seinem Besten: Zur Prüfung und Stärkung seiner Ausdauer ist die Rücknahme-Adresse in der Regel sehr, sehr abgelegen, was auch die Erweiterung der Ortskenntnis spielerisch beflügelt.

Besonders ausgefeilt ist der interaktiv-fürsorgliche Kundenservice bei der Fluggesellschaft Aeroflot, bei der Jelzins Schwiegersohn als Vorstandsvorsitzender den Steuerknüppel in der Hand hat. Mit ausgefallenen Ideen befreit er sich unermüdlich von dem immer noch kursierenden Gerücht, er habe seinen Posten nicht der hohen Qualifikation – er war immerhin Bordingenieur –, sondern der ehemals im Kreml residierenden lieben Verwandtschaft zu verdanken. Deshalb sollen jetzt innovative westliche Berater mit elektronischen Tickets Aeroflot auf Vordermann bringen – papierlos, schnell, per Mausklick bezahlbar.

Aber so einen unpersönlichen Umgang, wie ihn die ausländischen Experten aufdrängen, will Aeroflot seinen Fluggästen offenbar dann doch nicht zumuten. Kann sich etwa bei Lufthansas »e-tix« der Kunde nach dem letzten Klick im Internet bis zum Einchecken entspannen, hält Aeroflot den künftigen Fluggast mit einem Mehr-Punkte-Adrenalisierungskonzept auch weiterhin geistig rege. Es beginnt damit, dass die versprochene Bestätigungsmail für die Buchung nicht zugeschickt wird – nicht einmal im Spam-Filter ist sie zu finden. Vermutlich handelt es sich bei all dem allerdings um ein Premium-Segment für ausländische Kunden wie etwa Korrespondenten aus Deutschland.

Eigentlich hätte ich mich geehrt fühlen müssen, dass eine Aeroflot-Mitarbeiterin mir nach meditationsfördernder Wartezeit bei der Nachfrage am Call-Center mitteilte, ich müsse – E-Ticket hin oder her – den per Kreditkarte bereits bezahlten Flugschein entweder persönlich abholen oder eine Person meiner Wahl vorbeischicken, allerdings mit meinem Pass. Die Firma legt eben Wert auf den persönlichen Kontakt, hätte ich mir sagen müssen. Aber als arroganter Westler, der nichts versteht, schoss mir natürlich reflexhaft »Aeroflot-Bürokratie« durch den Kopf.

Nachdem mir bei meinem letzten Live-Kontakt an einem Aeroflot-Schalter die Mitarbeiter erklärten, sie hätten gerade Kassensturz gemacht und ich solle am nächsten Tag wiederkommen, wollte ich mir eine Wiederholung dieses Dramas ersparen und bat eine Mitarbeiterin, die Tickets für mich abzuholen. Immerhin musste ich ihr vorab noch meinen Pass bringen, was auch meine Agilität erheblich erhöhte.

Umso größer war dann meine Verwunderung, als mir die Kollegin etwas verwundert berichtete, an der Kasse habe kein Mensch nach meinem Pass gefragt und ich hätte ihr das gute Stück völlig umsonst gebracht. Statt meinem Ausweis forderte die Dame am

Aeroflot-Schalter dafür aber plötzlich den Ausweis meiner Mitarbeiterin. Gott sei Dank ist die Kollegin als geborene Russin mir an Umsicht und weiser Voraussicht deutlich überlegen: Weil in Russland ein Mensch ohne Pass kein Mensch ist, sondern ein Käferchen, wie ein örtliches Sprichwort besagt, hatte sie ihre Papiere wie immer dabei. So blieb es ihr zwar erspart, sich noch ein zweites Mal durch das Moskauer Verkehrschaos und die überfüllte Metro zur Kasse durchzuboxen, aber die Förderung der Volksgesundheit durch Aeroflot blieb dabei natürlich auf halber Strecke stecken. Da müssen die Apparatschiks in der Aeroflot-Führung unbedingt noch nachbessern.

Rendezvous im Aquarium

Plötzlich kroch die Angst in die Augen der jungen Frau. »Bitte nicht!«, sagte sie fast flehend. Sie wirkte hilflos, in ihrer engen Bluse und mit ihren leicht breiten, rosa Lippen, auf denen sich der Anflug eines Zitterns erahnen ließ. Noch bevor ich ein Wort sagen konnte, spürte sie, dass ich hartnäckig bleibe. »Ich habe das noch nie im Leben gemacht, und ich habe Angst«, hauchte sie.

Wir befanden uns weder in einem dunklen, menschenleeren Park, noch habe ich die Regeln des Anstands und der Zurückhaltung vergessen. Auch ohne böse Absichten brachte mein wahrlich unschuldiges Begehren die junge Frau in Bedrängnis, die aufgrund ihrer attraktiven Erscheinung besser in ein Hochglanz-Journal gepasst hätte als hinter eine Plexiglasscheibe, vor der ich fast kniete. Ein echter Gentleman hätte wohl längst ein Einsehen gehabt und von ihr abgelassen.

Aber es ist nicht leicht, ein echter Gentleman zu sein im tiefsten Asien, in Sibirien, wo die Luft nach Kohle schmeckt und ich in einem Hotel untergekommen war, dessen beste Zeiten wohl schon vor der Eröffnung hinter ihm lagen. Es mag anmaßend klingen, aber wer diese Stadt kennt, wird mir zustimmen: Nach einigen Tagen in Kemerowo, Sibiriens Antwort auf das Ruhrgebiet, hat man vor allem einen Wunsch: »Weg von hier!« Doch dazu brauchte ich ein Flugticket und ging zur »Avia-Kassa«. Diese Flugkasse im Hotel Kusbass ist ein kleines Plexiglas-Aquarium mit Sprechloch auf Bauchnabelhöhe, das den Ticket-Käufer zu einer demütigen, halb geknickten Position vor der diensthabenden Schalterfrau zwingt.

An jedem anderen Ort hätte die Begegnung mit einer so attraktiven jungen Dame für beide Seiten einen vielleicht nicht weniger stressreichen, aber sicher weitaus angenehmeren Verlauf nehmen können. Selbst in diesem Glaskäfig hätte sich wohl alles charmant und einvernehmlich abspielen können, wäre da nicht jener Aufkleber gewesen, der neben all den vergilbten Flugplänen aus längst verblassten Epochen ein wenig deplaziert wirkte. Da prangten farbenfroh die Embleme fröhlichster Shoppingfreiheit: Visa, Mastercard, American Express, selbst Diners-Club!!!

»Oh, Sie akzeptieren Kreditkarten«, war mein freudiger Ausspruch, der die junge Dame so unvermutet in die Bredouille gebracht hatte. »Im Prinzip ja, aber eigentlich nicht«, antwortete sie schüchtern, doch plötzlich mit einem entzückendunschuldigen Lächeln, das sich seiner Unwiderstehlichkeit ziemlich bewusst zu sein schien.

Ich ließ mich davon nicht erweichen. »Wenn der Aufkleber schon da ist, dann müssen Sie die Kreditkarten auch nehmen.« Hätte nun ein Trumm von einer Kassiererin sowjetischer Bauart hinter dem Sprechfensterchen gesessen, es wäre wohl schon mit einem heftigen Krachen zugeschlagen gewesen und Moskau in weite Ferne gerückt. Diese aparte Pförtnerin des sibirischen Luftraums entschuldigte sich sogleich: »Ich habe einen Kreditkarten-Automaten im Safe, aber ich habe ihn noch nie bedient.« »Für alles im Leben gibt es ein erstes Mal«, antwortete ich.

Ihre Wangen erröteten leicht, und sie blickte schüchtern an mir vorbei auf den Flugplan. Dann unternahm sie einen neuen Versuch, mich von meiner Kreditkarten-Manie abzubringen: »Ich habe keine Leitung.« Ich gab ihr eine weitere Nachhilfestunde: »Sie müssen die Telefonleitung erst einstöpseln.« Doch sie fand das Kabel nicht, suchte hektisch nach dem passenden Netzadapter, es raschelte und rauschte aus dem Kassen-Aquarium, der erste Kurzschluss schien nur noch eine Frage der Zeit.

Nach zehn Minuten Hilflosigkeit bog – zufällig oder nicht – die Kassiererin der örtlichen Sparkasse um die Ecke und versuchte sich als Kreditkarten-Feuerwehr. Unpraktischerweise verfügte der Apparat aber über vier identische Stecker, die zu allem Unglück auch noch auf Englisch beschriftet waren. »Versuchen Sie es mit dem Stecker, auf dem ›Line‹ steht«, mischte ich mich nach weiteren zehn Minuten ein, als ich die Flugverbindungen von Kemerowo in die umliegenden sibirischen Städte auf dem Plakat an der Kasse auswendig gelernt hatte, um mein Gedächtnis zu üben. Die beiden Frauen blickten mich nur ungläubig an wie jemanden, von dem man nicht weiß, ob er Hellseher oder Betrüger ist. Doch sie fühlten, dass es ernst wurde, und untersuchten nun meine Kreditkarte so skeptisch wie einen Knollenblätterpilz, der sich in einen Korb voll Champignons geschmuggelt hatte.

Der weitere Kampf der Damen mit den verwirrenden Tasten des Geräts war zäh, langwierig und von wechselnder Fortune geprägt. Ich hatte meine Position vor der Kassa längst aufgegeben, um nebenan ausgiebig zu frühstücken und die Zeitung zu studieren. Ich war schon beim Sportteil angelangt, als die schöne wie planlose Kassenfrau zu mir in den Frühstücksraum kam. Sie brachte mir nicht nur die Hoffnung auf eine Heimkehr nach Moskau – sondern auch die Einsicht, dass auch die untere Hälfte ihres Körpers hübsch anzuschauen war (und den Kunden vor dem Kassenhäuschen ganz zu unrecht vorenthalten wurde).

Mit sanft zitternder Hand trug sie meine Passdaten auf den Kreditkarten-Beleg ein. »Hätten Sie noch Ihr Telefon? Und Ihre Handynummer?« Entgegen meinem ersten skeptischen Impuls diktierte ich ihr brav die Nummern – auch wenn ich mir nicht vorstellen konnte, wozu sie diese brauchte. Sie konnte kaum noch schreiben, so nervös war sie. Der Betrag, den sie abgebucht hatte, war vermutlich um ein Vielfaches höher als ihr Monatslohn.

Sie sah mir ängstlich und tief in die Augen: »Geht wirklich alles in Ordnung, bekomme ich das Geld wirklich? Wissen Sie, sonst muss ich dafür geradestehen«, sagte sie, und ich hatte den Eindruck, dass ihre hellblauen Augen etwas feucht waren. »Alles wird gut«, versicherte ich ihr. Sie versuchte zu lächeln.

Als sie mir die Tickets zögerlich in die Hand fallen ließ, konnte ich mich auf einmal nicht mehr über meinen Sieg freuen. Ich ärgerte mich über den »Wessi« in mir, der zuerst an seine Bequemlichkeit und sein gutes Recht denkt – und erst dann an den Menschen. Irgendwo um die Ecke wäre sicher ein Geldautomat gewesen. Ich hätte wohl wegen der hohen Summe ein paar Abhebungen nacheinander machen und ein paar Dutzend Euro Gebühr zahlen müssen. Aber wäre das ein zu hoher Preis gewesen, um dieser jungen Frau ihre Sorge zu ersparen – und ihre glücklichen Augen zu sehen, wenn ich ihr das Bargeld ins Sprechfenster gelegt hätte?

Hasenjagd in der U-Bahn

Warum muss die Strafe so hart ausfallen? »Wer zu spät kommt, den bestraft das Leben«, hatte einst Michail Gorbatschow gewarnt. Dabei sind es kaum 24 Stunden, die ich habe verstreichen lassen. Und die Prügelstrafe ist in Russland abgeschafft – jedenfalls im Strafgesetzbuch. Doch nicht in der Metro. In der luftigen Eingangshalle an der Station »Schabolowka« schlagen zwei harte Gummiarme gegen meine Beine. Eine Sirene ertönt. Der Polizist, der gerade noch ein paar Meter weiter lässig an der Wand gestanden hat, stößt sich von den Marmorfliesen an der Wand ab und geht mit großen Schritten auf mich zu. Das hat mir gerade noch gefehlt.

Ich bin nämlich – auch wenn es vielleicht so scheinen mag – kein Schwarzfahrer. Die heißen auf Russisch »Hasen«, weil sie wie Hasen über die Gummiarme der Einlass-Maschinen hüpfen. In Wirklichkeit bin ich Besitzer eines Geistertickets, wobei es sich keineswegs um einen Fahrschein aus dem Jenseits handelt. Ich habe ihn ganz redlich für mein sauer verdientes Geld in einer Warteschlange buchstäblich erstanden. Und war dabei einfach zu leichtgläubig: Die »Metro« in der russischen Hauptstadt stellt nicht nur durch die Pracht ihrer Stationen andere U-Bahnen in anderen Städten in den Schatten – sie ist wohl auch dadurch weltrekordverdächtig, dass sie ihren Tickets ein Verfallsdatum verpasst, das kürzer ist als das einer Thüringer Rostbratwurst. Deshalb muss sich in Moskau ganz schön sputen, wer seine Fahrkarte auch ungehindert nutzen will.

Überall lauern Fallstricke in Varianten, von denen die Preis-Planer der Deutschen Bahn nur träumen können: Um es dem Kunden nicht allzu einfach zu machen, variiert das Verfallsdatum je nach Tickettyp: Der Schein für eine einfache Fahrt ist maximal fünf Tage gültig, das Fünfer-Ticket musste früher binnen vier Monaten »verbraucht« werden – ist inzwischen aber ebenso wie die Zehner- und Zwanziger-Fahrscheine wertloses Altpapier, wenn der Kunde nicht spätestens 45 Tage nach dem Kauf die erste Fahrt antritt – was auf den Tickets selbst aber ebenso wenig vermerkt ist wie das Verkaufsdatum. Nur die Automaten können das Verfallsdatum erkennen. Wer es sich nicht mit einem Filzstift auf den Plastikkarten vermerkt oder einen entsprechenden Zettel dazu ins Portemonnaie legt, oder wer den Zettel verlegt oder die Filzstift-Aufschrift wegen der Gebrauchsspuren nicht mehr lesen kann, muss die Metro quasi im Blindflug ansteuern und immer damit rechnen, dass ihm die Automaten mit einem harten Schlag gegen die Beine den Einlass verweigern.

Wer krank wird, Urlaub macht oder einfach nicht genug fährt, schaut in die Röhre – oder muss alle paar Tage neue »Mini-Tickets« kaufen und dafür unermüdlich an den Kassen anstehen. Millionen Fahrgäste schenken der Moskauer Metro so jedes Jahr Millionen Rubel, weil ihre Tickets abgelaufen sind – und das gezahlte Geld ohne Gegenleistung im Stadtsäckel verschwindet.

Sollten sich jedoch deutsche Verkehrsbetriebe am Einfallsreichtum ihrer Moskauer Kollegen ein Beispiel nehmen und mit undurchsichtigen »Haltbarkeitsdaten« ihre leeren Kassen füllen wollen, unterlägen sie einem Trugschluss. Denn für deutsche Manager von U-Bahn, Bus und Straßenbahn wäre es unmöglich, dem Beispiel der russischen Nahverkehrsexperten bis in die letzte Instanz zu folgen: Obwohl das oberste Gericht des Landes die Abzocke mittels Haltbarkeitsdatum für illegal erklärte, pfeifen die Moskauer Behörden bislang einfach auf den Richterspruch und tun so, als wäre nichts geschehen.

Schlendrian als Tugend

In der Fernsehwerbung sehen Neuwagen-Käufer glücklicher aus. Statt mit meinem neuen Auto stolz die Straßen zu erobern, musste ich meinen »Isch« – einen Abkömmling des berüchtigten Moskwirtschs – erst einmal in die Werkstatt bringen. Dabei hatte ich gerade erst das Bargeld für ihn auf den Tisch geblättert. »Wenn Sie so losgefahren wären, hätte es die Hinterachse nicht lange ausgehalten, die Schrauben waren völlig lose, Öl fehlte, das Übliche«, krächzte der Mechaniker im ölverschmierten Overall, während er sich an den intimen Orten im Unterteil meines »Ischs« zu schaffen machte. Vier Stunden brauchte er und sicher mehr als hundert Flüche, bis er meinen Neuwagen straßentauglich gemacht hatte.

Dabei hatte ich beim Kauf meines »Isch« Anfang der wilden neunziger Jahre noch Glück gehabt: War das Gefährt doch in der Lage, das Fabrikgelände aus eigener Kraft zu verlassen – anders als der »Eras«, den mein Freund Valeri einst in Jerewan kaufte und den er als hoffnungsfroher Erstbesitzer nur per Abschleppseil von der Fabrik abholen konnte. Es sind Geschichten wie diese, die selbst sture Patrioten wie meinen Fotografen Igor bei seinen Kaufentscheidungen zum Vaterlandsverräter machen: »Ich kaufe nie etwas, was durch die Hand eines russischen Arbeiters gegangen ist.«

Tatsächlich hört die Liebe zu Russland bei der Mehrzahl seiner Töchter, Söhne und Gäste da auf, wo es um die Früchte der heimischen Arbeitsmoral geht. Legendär ist der nicht ganz jugendfreie Witz, wie eine Moskauer Familie ihren ausländischen Gast in einem fort mit Fragen löchert, wie ihm die Häuser gefallen, die Autos, die Straßen, die Geschäfte. Der Besucher aus der Ferne antwortet in einem fort, am besten gefielen ihm die Kinder. Erst kurz vor der Abreise erklärt der Besucher dann seine Vorliebe: »Alles, was ihr Russen mit den Händen macht, gelingt euch nicht sonderlich.«

Soziologen erklären den Schlendrian mit dem Erbe des Kommunismus: Siebzig Jahre lang habe der Staat die Menschen de facto für gute Leistung bestraft – und so das Arbeitsethos der Russen zugrunde gerichtet. Ihre vielseitigen Talente entfalteten die Menschen notgedrungen vor allem im Privaten – wovon schmucke Datschen, gepflegte Gärten und topmodische selbstgenähte Kleider zeugen.

Der Russen Trumpf im Arbeitsleben ist die Anpassungsfähigkeit. So erlebte ich mit eigenen Augen, wie die gesamte Belegschaft eines Großunternehmens fleißig bis 22 Uhr arbeitete – oder sagen wir vorsichtiger: an den Computern saß –, weil der Generaldirektor in seinem Büro Überstunden machte. Und wie die gleichen emsigen Mitarbeiter am nächsten Vormittag um 11 Uhr in den Feierabend flüchteten, als hätten die Ferien begonnen, weil ihr Generaldirektor seinen Arbeitstag vorzeitig beendet hatte.

Auch Teamarbeit wird großgeschrieben. Ein beeindruckendes Spektakel ist es, wenn alle Jahre wieder vor meiner Wohnung die Parkplatz-Markierungen neu gestrichen werden. Sechs Meister sind an den zwei Dutzend Stellplätzen zwei Tage lang am Werk. Wobei ich trotz intensiver Beobachtung noch nie Augenzeuge wurde, dass mehr als einer der sechs auch tatsächlich Hand anlegte und markierte. Fünf schienen ausschließlich als Berater, Aufseher oder Aufheiterer im

Einsatz – und dabei so erfolgreich, dass die meiste Zeit alle sechs in trauter Eintracht auf dem Bordstein saßen, rauchten und diskutierten.

Ein weiteres heiliges Prinzip scheint die bloße Präsenz zu sein – frei nach dem Motto: »Ich werde gesehen, also arbeite ich.« So verhält es sich in jedem Fall mit Putzdiensten. In keinem Land der Welt habe ich auf Flughäfen, Bahnhöfen und öffentlichen Gebäuden so viele »Reinigungskräfte« im Einsatz gesehen wie in Russland. Plagt einen fernab von zu Hause ein menschliches Bedürfnis, muss man zu 50 Prozent davon ausgehen, dass das rettende Örtchen gerade für »Putzarbeiten« geschlossen ist. Merkwürdig nur, dass die Anzahl der Reinigungskräfte und die Sauberkeit oft umgekehrt proportional zu sein scheinen.

Auch das Motto der drei Musketiere hat in Moskau eine neue Heimat gefunden – zumindest ein Teil davon: Motto »Einer für alle«. Ich kann mich nicht erinnern, wann ich von den zwei Diensthabenden, die eigentlich in unserem Bürohaus ständig Wache schieben sollten, beide gleichzeitig an Ort und Stelle erlebt habe. Noch tiefer zurück in meiner Vergangenheit liegt der Tag, an dem ich zum letzten Mal einen Beamten an seinem Diensttelefon erreichte. Unauffälligkeit scheint die Tugend Nummer eins unter den Beamten zu sein: Wer erreichbar ist, könnte ja den Verdacht erwecken, er sei nicht beschäftigt. Die Pressestellen mancher Behörden scheinen sich einen regelrechten Wettkampf darin zu leisten, wer für Journalisten am schwierigsten zu erreichen ist.

Im Dienstleistungssektor gilt als wichtigster Dienst am Kunden, dessen Geduld zu trainieren. Ob Wechselstuben, Kioske, Reisebüros und Telefon-Hotlines – bei ihren Mitarbeitern scheint ganz oben im Dienstplan zu stehen, dass sie so lange wie möglich »aus technischen Gründen« ihren Arbeitsplatz zu verlassen haben – wobei der »technische Grund« oft in einer Rauchpause oder einem dringend notwendigen Plausch mit der Verkäuferin aus dem Nachbarladen zu bestehen scheint.

In den ersten Monaten oder gar Jahren ärgern sich viele ignorante Ausländer über derartiges Ungemach. Mit der Zeit lernen sie die Kehrseite der Medaille kennen – und schätzen. Wo sonst in der Welt würde sich ein hochrangiger Regierungsbeamter Zeit für ein ausschweifendes Mittagessen mit einem Ausländer nehmen? Wo kann man mal nach Herzenslust bei Rot über die Ampel fahren, weil der Verkehrspolizist gerade eine »technische Pause« macht? Wo kann man sich wochenlang mit der Bezahlung einer Rechnung Zeit lassen und sich dann herausreden, dass man telefonisch niemanden erreicht hat?

Die hohe Kunst des Russland-Verstehens ist es, die etwas andere Arbeitsmoral nicht als Ärgernis, sondern als Bereicherung aufzufassen. Während die Deutschen leben, um zu arbeiten, arbeiten die Russen, um zu leben, meint mein Fotograf Igor hämisch: »Ich würde mich zwar nie in ein russisches Auto setzen, viel lieber in ein deutsches. Aber auf ein Bier hocke ich mich viel lieber mit Russen zusammen als mit Deutschen. Wir bauen die schlechteren Wagen, aber wir sind dafür weniger spröde, phantasievoller und witziger.« Das Dumme ist nur, dass sich die wenigsten so wie Igor die »Rosinen« aus beiden Systemen herauspicken können.

Bremsen für Fußgänger

Irgendetwas stimmte nicht mit dem Mann am Steuer. Wir waren kaum abgefahren, und schon drehte er sich zu mir um, lächelte und sagte: »Schnallen Sie sich bitte an!« In Deutschland mag so eine Bitte aus dem Mund eines Taxifahrers nicht verwunderlich sein. Beim Passagier mit Russland-Erfahrung weckt sie Misstrauen.

In mehr als einem Jahrzehnt in Moskau habe ich es mir abgewöhnt, in fremden Autos nach dem Gurt zu greifen: Der gewöhnliche russische Taxifahrer scheint es nämlich für ein persönliches Misstrauensvotum zu halten, wenn ein Fahrgast sich anschnallt. Ein so überflüssiges wie seine Fahrkünste beleidigendes Sicherheitsdenken wird im besten Fall mit bösen Blicken, zuweilen auch mit einer Erhöhung des Fahrpreises quittiert.

So brachte mich die unschuldige Bitte, mich anzuschnallen, auf böse Gedanken. War der Mann am Steuer noch völlig unerfahren und konnte kaum die Handbremse von der Gangschaltung unterscheiden? Oder führte er etwa Schlimmeres im Schilde? Wollte er Vorkehrungen treffen, damit ich nicht allzu schnell entkommen konnte? Er schien meine Verwunderung zu spüren: »Ich sage das nur wegen Ihrer Sicherheit. Sie müssen sich natürlich nicht angurten, wenn Sie nicht wollen, aber mit Gurt fahren Sie sicherer!«

Zum ersten Mal in all den Jahren in Russland sorgte sich ein Taxifahrer um meine Sicherheit. Hier, mitten in der Provinz, in Twer, knapp 200 Kilometer nördlich von Moskau. Was war nur los? Der Mann am Steuer zupfte vorsichtig an seinem Schnurrbart. Ich bereitete mich auf die nächste Attacke vor, die nun unvermeidlich folgen musste: den im Taxi obligatorischen Fast-Hörsturz, wenn der Fahrer sein Radio bis zum Anschlag aufdreht. Wahlweise mit Folklore, vergreistem West-Pop à la Modern Talking oder russischen Chansons im einschlägigen Hinterhof-Jargon.

Doch stattdessen fragte mich der Mann am Steuer, ob es mir recht sei, wenn er das Radio anmache. Ich war sprachlos über so viel Rücksicht und nickte mit offenem Mund. Ich hatte mich kaum erholt, da kam die nächste Frage: ob er die Klimaanlage anmachen oder lieber die Fenster öffnen solle. »Die Klimaanlage«, stotterte ich, fassungslos, dass ich statt in ein autoritär geführtes Taxi offenbar in eine Oase der Kundenfreundlichkeit geraten war. Nicht einmal zu rauchen wagte dieser Gentleman am Steuer. Statt nach Benzin aus dem Motor oder leicht angemoderten Kartoffeln aus dem Kofferraum roch es nach Zimtsternen – das wohlige Aroma kam von einem Wunderbaum, der unter dem Rückspiegel baumelte. Und statt den Preis Pi mal Daumen nach Güte meines Anzuges auszutarieren, hatte der Mann tatsächlich das Taxameter angeschaltet, das unbestechlich und neutral den Wegzoll kalkulierte. Meine Erfahrungen in der Taxi-Welt wurden endgültig auf den Kopf gestellt, als dieser Kavalier von Fahrer plötzlich vor einem Zebrastreifen anhielt, um Fußgänger passieren zu lassen.

»Sie bremsen für Fußgänger? Sie bitten einen, sich anzuschnallen, und drehen das Radio nicht einfach auf? Was sind das für Sitten?«, fragte ich, nachdem das Erstaunen meiner Neugier gewichen war. »Ich war im Urlaub im Westen, und da habe ich gesehen, wie angenehm es ist, wenn man Rücksicht übt. Was man an

Gutem tut, bekommt man auch zurück«, sagte mein Fahrer und trommelte mit den Fingern aufs Lenkrad: »Jedes Mal, wenn ich für einen Fußgänger bremse und er sich bedankt, habe ich ein gutes Gefühl.«

Das Beispiel scheint Schule zu machen. Blieb ich vor ein, zwei Jahren als Fußgänger auch bei Grünlicht noch verdutzt stehen, wenn plötzlich ein Linksabbieger bremste, so setze ich inzwischen manchmal schon ganz dreist meinen Fuß auf den Zebrastreifen. Wichtig ist der richtige Riecher: Gefahr im Verzug herrscht für Fußgänger vor allem bei Ladas und Wolgas. Die Denkweise ihrer Fahrer scheint oft so veraltet wie die Technik ihrer Wagen. Gentlemen am Steuer sind dagegen vor allem in Autos aus dem Westen zu finden. Selbst die gewaltigen Jeeps, die einst als fahrbarer Untersatz zwielichtiger Gestalten berüchtigt waren, bremsen nicht immer, aber immer öfter für Fußgänger.

Russland ist auf dem richtigen Weg, sagte ich mir. Bis ich mich selbst wieder ans Steuer setzte. Und plötzlich merkte, wie ich schnurstracks auf einen Zebrastreifen zufuhr – obwohl gerade eine Frau ihren Fuß darauf setzen wollte. »Mein Gott, sind die Fußgänger unverschämt geworden«, wollte ich gerade losmosern – doch ich erinnerte mich noch rechtzeitig an meinen Wohltäter und stieg hastig auf die Bremse. Denn, wahrlich, wahrlich, wie sagte doch dieser Taxi-Tolstoi aus Twer: »Gutes zahlt sich aus.«

Die Texte dieses Buches erschienen bereits einzeln als wöchentliche Kolumne auf www.focus.de und www.bunte.de.

2. Auflage 2009

ISBN: 978-3-550-08766-0

© der deutschsprachigen Ausgabe
2009 by Ullstein Buchverlage GmbH, Berlin
Alle Rechte vorbehalten
Gesetzt aus der Sabon
Satz: LVD GmbH, Berlin
Druck und Bindearbeiten: CPI – Clausen & Bosse, Leck
Printed in Germany